Stefan Brux
ANARAM – Golden Hou

ANARAM

–

Golden Hour

Stefan Brux

Carola Hartmann Miles-Verlag

Bibliografische Information der Deutschen Nationalbibliothek
Die Deutsche Nationalbibliothek verzeichnet diese Publikation in der Deutschen Nationalbibliografie; detaillierte bibliografische Daten sind im Internet über www.dnb.de abrufbar.

www.miles-verlag.jimdo.com
email: miles-verlag@t-online.de

Herstellung: Books on Demand, Norderstedt

Printed in Germany

ISBN 978-3-96776-059-0

Inhaltsverzeichnis

Triggerwarnung

Der folgende Text behandelt psychosoziale und physische Folgen von Krieg, Gewalt, Verwundung und Tod. Er thematisiert fiktive Geschehnisse im Kontext des Bundeswehreinsatzes in Afghanistan.

Bitte seien Sie achtsam und entscheiden selbst, ob Sie sich stark genug fühlen, sich heute mit diesen Themen zu befassen.

What did we do to be treated this way?
When will this nightmare be over?
Proud, strong and noble ones
Don't turn your faces away …

Khorshied Machalle[1]

In Gedenken an
Andreas Wichmann,
Hauptfeldwebel d.R.
(1970 – 2022)

Prolog

Die Fotografin sitzt, verdeckt durch einen süß duftenden Wildrosenstrauch, am Rande einer großen Lichtung und wartet auf den Sonnenaufgang. Der Wald erwacht langsam zu Leben und nach der Dunkelheit der Nacht werden die Waldbewohner aktiv. Vogelgezwitscher erklingt und die grauen Schatten verwandeln sich in helle Farben. Mäuse und Amseln rascheln im Laub, erste Sonnenstrahlen bahnen sich ihren Weg durch das Blattwerk und die „goldene Stunde“ bricht an, in welcher der geübten Beobachterin anmutige und lebendige Aufnahmen gelingen. Eine Ricke mit Kitz tritt auf die Lichtung und lässt sich die ersten Sonnenstrahlen auf das hellbraune Fell scheinen. Weiches Licht umspielt beide Tiere, welche die erste Wärme des Tages suchen und sich im goldenen Morgenlicht sonnen. In der „Golden Hour“ spielt die Sonne mit der Natur und schenkt Fotografen die prächtigsten Bilder.

Für Soldatinnen und Soldaten hat „Golden Hour“ eine andere Bedeutung: „There is a golden hour between life and death. If you are critically injured you have less than 60 minutes to survive. You might not die right then; it may be three days or two weeks later – but something has happened in your body that is irreparable.“ (R Adams Cowley[2])

Das muss auch anders gehen

Gieb mir die stillste Stille,
Die du geben kannst.
Dann will ich wie der Mondschein dort,
Der auf den Blättern tanzt,
Bei dir bleiben.

Richard Dehmel[3]

Klick. Die Fotografin hat den Auslöser betätigt und Ricke mit Kitz in der „goldenen Stunde“ mit ihrer Kamera eingefangen. Klick. Ein weiteres Bild, wie die beiden Tiere ungestört äsen, und die junge Frau lächelt still in sich hinein. Klick. Die Ricke hebt das Haupt und lässt entspannt die Lauscher spielen. Klick. Nun schauen beide Tiere in Richtung der Fotografin und sie entscheidet sich gegen einen weiteren Klick, um die beiden nicht zu beunruhigen. So bleibt dieses wunderschöne Bild flüchtig und nur im Herzen der Fotografin.

Carolin ist sehr zeitig am Morgen erwacht. Sie schläft nicht mehr gut seit ihrer Verwundung in Afghanistan. Damals war sie in einem gepanzerten Fahrzeug der Bundeswehr auf ein IED aufgefahren, einen improvisierten Sprengsatz.

Dabei hatte es dessen vorderen Teil schwer in Mitleidenschaft gezogen. Eine helle Stichflamme, gefolgt von einer heißen Druckwelle, war in den gepanzerten Dingo geschossen. Zusammen mit einem Kameraden war sie dabei schwer verletzt worden. Die Verbrennungen an Hals und Gesicht sind inzwischen zum Glück gut verheilt und nur wenige entstellende Narben blieben zurück. Auch die starke Prellung des Brustkorbes und das Knalltrauma von der Explosion hatte ihr junger Körper erstaunlich gut weggesteckt. Nur ihren linken Unterarm und die innere Ruhe hatten ihr die Ärzte nicht wiedergeben können.

Ihr Leben veränderte sich durch die Verwundung massiv. Nichts war mehr wie vorher. Mit nur einer Hand war der Alltag doppelt kompliziert, aber Carolin hatte sich damit inzwischen arrangiert. Sie konnte Sport machen, um ihrem Körper langsam wieder vertrauen zu können, und daheim baumelt eine Goldmedaille vom 100-Meter-Sprint bei den Invictus Games am Kühlschrank. Sie klimpert bei jedem Joghurt. Eine Handprothese brauchte und wollte sie vorerst nicht, das musste auch anders gehen. Dieses „Das muss auch anders gehen" war inzwischen Carolins Mantra und Lebenshaltung geworden. Es fing schon direkt nach der Verwundung an, als sie versuchte, schnell aus dem brennenden Dingo rauszukommen, nachdem sie nach ihrem Kameraden geschaut hatte, der im Gesicht blutete, benommen und angesengt dampfend auf dem Fahrersitz saß.

Es war fast unmöglich für sie gewesen, geschockt, verletzt, taub, blutend und voller Schmerzen von dem hohen Fahrzeug abzusitzen. Sie versuchte zunächst, den Tragegurt ihres Sturmgewehrs G36 über den blutenden Stumpf ihres Armes zu fädeln, um die rechte Hand zum Tür öffnen und festhalten frei zu haben. Bestimmt tausendmal hatte sie die schwer gepanzerte Beifahrertür des Dingos schon aufgewuchtet, aber noch nie hatte der Dingo dabei von innen gebrannt, noch nie konnte sie ihre linke Hand nicht nutzen, noch nie hatte sie Angst, die Tür überhaupt zu öffnen, denn eigentlich war der Dingo ja zum Schutz der Insassen da und dass sie nun aus dem brennenden Fahrzeug raus ins gefährliche Ungewisse musste, sog ihr die letzten Gewissheiten des Lebens aus den Knochen. Carolin fühlte sich in diesem Moment komplett schutzlos, aufgewühlt und ausgeliefert. Zum Glück hatten sie solche Szenarien wieder und wieder trainiert, sodass ihre erste Reaktion reflexartig kam: Raus hier! Die Erkenntnis aber war: Geht nicht wie trainiert. Das muss auch anders gehen! Schließlich plumpste sie, Armstumpf nach oben, aus der Beifahrertür und stöhnte einen Schmerzensschrei in den afghanischen Staub. An die nächsten Stunden nach der Explosion kann Carolin sich nur bruchstückhaft erinnern. Papa Kilo zog sie aus der Gefahrenzone und sie hatte sich noch nie im Leben so gefreut, die Berührung eines anderen Menschen zu spüren, wie in diesen unsäglichen Leidenssekunden. Ihre Kameraden halfen ihr und ihrem Fahrer schnell, sicherten das Umfeld 360° und endlich kamen die MedEvac-Helikopter der Amerikaner, die sie aus der Gefahrenzone flogen. Sie bekam noch mit, dass der Black Hawk offenbar von einer jungen resoluten Pilotin bedient wurde, was ihr für einen kleinen Moment ein schwesterliches Grinsen entlockte. Damit hörte ihre Erinnerung auf und sie setzte erst wieder auf der amerikanischen Krankenstation ein, als Caro frisch operiert und mit dicken Verbänden im Bett zu sich kam. Nach einigen Tagen, als sie wieder etwas stabiler war, wurde sie nach Deutschland ausgeflogen und im Bundeswehrkrankenhaus Koblenz weiter behandelt. Das ist nun fast fünf Jahre her.

Carolin sitzt noch immer im Gebüsch, während Ricke und Kitz entspannt äsen. Eins mit der Natur bleibt sie still in ihrem Versteck. Sie weiß, dass die Tiere noch eine ganze Weile beschäftigt sein werden, bis irgendein Geräusch oder ein morgendlicher Wanderer sie verschrecken werden. Carolin genießt die Ruhe und diesen friedlichen Moment.

Noch am gleichen Abend, nach ihrem Aufwachen auf der Krankenstation, kamen sie einige Kameraden besuchen. Das war sehr schön und hatte ihr Mut gemacht. Jeder einzelne hatte versucht, ihr irgendetwas Gutes zu tun oder eine Kleinigkeit mitzubringen. Selbst Sven „Bulgare“ Kovac, Vollpfosten vom Dienst, war vorbeigekommen. Er hatte schwarze Haartönung dabei und schwafelte irgendwas davon, dass er bald Vater wird, so als hätte sie gerade keine anderen Probleme und was das mit ihren Haaren zu tun haben sollte, blieb auch unklar. Carolin schossen vor Überforderung die Tränen in die Augen und sie musste sich nach diesem unerwarteten Heulkrampf arg zusammenreißen. Sie muss noch heute oft daran denken und inzwischen innerlich darüber grinsen, wie sie ihn trotz Tränen, Schmerzmitteln und all ihren Verbänden achtkantig rausgeschmissen hatte. Eigentlich müsste sie ihm sogar dankbar sein, denn als er mit hochrotem Kopf abgezogen war, wurde ihr klar, dass die Bombe ihr zwar die linke Hand weggerissen und das Gesicht verbrannt hatte, aber ihr inneres Lebensfeuer kraftvoll wie nie brannte. Und als sie in Koblenz im Krankenhaus lag, der Haaransatz hellbraun auswuchs und sie irgendwann wieder die schwarze Haartönung von Kovac in der Waschtasche fand, flog diese auf direktem Weg in den Mülleimer. Anschließend bat sie eine Krankenschwester, ihr den Schädel kahl zu rasieren. Die Schwester schaute sie lange und sehr seltsam an, tat und sagte nichts. Am Abend, nach Schichtwechsel, kam die Nachtschwester mit einem kleinen Rolltisch ins Zimmer. Darauf lagen ein Handtuch, eine Schüssel und ein elektrischer Rasierer. „In der Akte steht, dass Du Dich nach Veränderung sehnst. Soll ich Dir helfen?“ „Nein, das mach ich selbst.“

Die Fotografin schaut zu den beiden Rehen, die immer noch äsen und bemerkt, dass sie langsam unruhig und hungrig wird. Goldenes Morgenlicht hin oder her, eigenes Frühstück wäre jetzt auch langsam dran. Carolin denkt noch kurz an Kovac, streichelt sich versonnen über den frisch rasierten Kopf und überlegt, ob sie sich für seinen Rauswurf entschuldigen sollte. Schließlich hatte er es auf seine primitive Art irgendwie gut gemeint und ihr unbewusst zu ihrer inzwischen geliebten Glatze verholfen. Irgendwann vielleicht mal; heute nicht. Carolin packt leise ihre Sachen zusammen. Ihr Armstumpf tut seit einigen Monaten nicht mehr weh und sie kann sich mit ihm abstützen und den Fotorucksack stabilisieren. Nur Reißverschlüsse und Schnürsenkel sind nach wie vor schwierig. Das muss auch anders gehen! Daher achtet Carolin bei Neuanschaffungen immer auf Klettverschlüsse. Ihr Fotorucksack hat einen solchen Klettverschluss und Rehe haben feine Lauscher. Carolin denkt bei sich: "Ladys, ich habe auch Hunger." und reißt den Rucksack mit einem satten Krzzzzzz auf. Die Rehe halten kurz inne. Die Ricke äugt herum, kann aber keine Gefahr erkennen und senkt den Kopf wieder in Richtung der taugetränkten Kräuter. Carolin ist etwas irritiert und hatte damit gerechnet, dass Ricke und Kitz abspringen. Seltsame Tiere, diese Rehe, bekommen mit, dass irgendwas nicht stimmt, aber das führt nicht dazu, dass sie irgendetwas tun. Da passiert erstaunlich wenig in deren Hirn. Carolin muss ein weiteres Mal an Kovac denken. „Geht den Menschen wie den Tieren“, grinst sie in sich hinein. Langsam zieht sie sich zurück und erst als sie einige Meter in den Wald zurückgekrochen ist, steht sie langsam auf und entfernt sich. Sie läuft durch den morgendlichen Wald, atmet die frische Luft, riecht die Moose und die würzigen Nadelbäume. Carolin ist zufrieden mit sich und ihren Fotos. Die heutigen Bilder markieren das Ende eines großen Fotoprojektes, das sie vor zwei Jahren angefangen hatte. Nach der Verwundung konnte sie nicht mehr so lange schlafen wie andere Leute. Spätestens um vier Uhr war Schluss mit Schlaf, auch wenn sie dann meistens noch müde war.

Pünktlich um vier Uhr war jedoch ihre innere Uhr der Meinung, dass das Bett nun kein guter Platz mehr wäre. In der ersten Zeit hatte sie dagegen angekämpft, aber inzwischen war sie dank ihres Therapeuten Dr. Urbanek etwas gelassener geworden. Wenn sie schon wach war, dann wollte sie etwas Sinnvolles mit dem Morgen machen und sie hatte angefangen, frühmorgens nach draußen zu gehen und auf Wiesen und in Wäldern den erwachenden Tag zu fotografieren. Sie wollte an jedem einzelnen Tag eines Jahres jeweils ein Foto zwischen fünf und sieben Uhr morgens aufnehmen. So wollte sie sowohl die Natur um sich herum, aber auch den Ablauf der Jahreszeiten abbilden. In Herbst und Winter war es da noch dunkle Nacht und im Sommer schon hell. In den ersten Monaten war es ihr nicht gelungen, wirklich an jedem einzelnen Tag raus zu gehen, aber von Sommersonnenwende des vergangenen Jahres bis zur heutigen Sommersonnenwende hatte sie durchgehalten und inzwischen stellt sie sich sogar den Wecker, um nicht zu verschlafen.

Mindestbestellmenge

Wahre Härte ist nur ein Grad von Zartheit.
Wahre Zartheit ist nur ein Grad von Härte.

Laotse[4]

Leutnant Mathias "Cluster" Kaufmann sitzt spät in der Nacht an seinem Küchentisch, hat sich einen Rotwein aufgemacht und kritzelt versonnen auf einem Stück Papier herum. Er versucht, einige Dinge in seinem Kopf zu ordnen, während seine Freundin zwei Zimmer weiter schon lange schläft. Cluster hat die Zahlen 4, 3, 10, 2010 und 157 auf das Blatt Papier geschrieben. Daneben stehen die Buchstaben ISAF und Kunduz. Auch einen Fallschirm mit runder Kappe hat er auf das Papier gemalt. 2010 war es im Rahmen des ISAF-Einsatzes bei Kunduz, im Norden Afghanistans, zu einem Zwischenfall gekommen. Cluster hatte mit einem Zug, bestehend aus zehn Fallschirmjägern, ihn eingeschlossen, die Höhe 157 gegen anrückende Taliban gehalten. Vier von seinen Kameraden waren gefallen, drei wurden verwundet. Auf Seiten der Taliban gab es deutlich mehr Opfer. Cluster hatte damals noch als Feldwebel geführt und hatte unverletzt überlebt. Zwar ist das Gefecht schon einige Jahre her, aber er denkt trotzdem fast jeden Tag daran.

Wenn Gedenk- oder Jahrestage sind, ist das Gefühl besonders intensiv und die Erinnerung bohrend. Er selbst hat diesen und weitere Einsätze in Afghanistan und Mali gut überstanden, aber er sieht, wie seine ehemaligen Kameraden immer noch mit den Folgen dieser Nacht kämpfen, physisch und psychisch. Die Gefallenen sind tot, aber ihre Familien leiden jeden Tag unter ihrem Verlust. Sie spüren täglich dieses dumpfe Loch, dass bleibt, wenn ein Mensch da war, da sein sollte, da sein muss, aber nicht da ist. Dieses Gefühl, wenn nicht nur der Stuhl leer ist, sondern auch der Teller und die Tasse im Schrank bleiben. Cluster hat die Angehörigen inzwischen alle kennengelernt; fünfundzwanzig Mütter, Väter, Witwen, Söhne, Töchter, Brüder und Schwestern. Alle wollten von ihm ohne Vorwurf aber verbindlich wissen, was damals genau passiert ist. Er hatte sich für alle Zeit genommen. Fünfundzwanzig sehr unterschiedliche Gespräche waren das gewesen. Er musste erklären, warum die Verwundeten nicht evakuiert werden konnten und warum lange keine Verstärkung kam, dass sie keine Funkverbindung hatten und erst spät in der Nacht Meldung machen konnten. Und dass die "Golden Hour", in der die Schwerstverwundeten eventuell noch eine Chance gehabt hätten, gnadenlos ablief, ohne dass sie etwas für sie tun konnten. Das längste dieser Gespräche führte er mit einem der Väter, das kürzeste mit einem Dreijährigen im Sandkasten; vergessen hat er keines.

Die drei Verwundeten von Höhe 157 sind heute noch in psychologischer Betreuung und auch deren Angehörige kennt Cluster alle. Die beiden unverletzten Kameraden sind inzwischen ins zivile Leben gewechselt; hier hat er weniger Kontakt. Trotzdem verbindet sie alle dieses unsichtbare Band, welches sich in der langen Nacht auf Höhe 157 erbarmungslos um sie geschlungen hatte.

Einmal im Jahr treffen sich die sechs Überlebenden von Höhe 157 an einem Wochenende im Sommer. Sie machen das ohne Angehörige und wollen für sich allein sein. Jeder kann dann erzählen, wie er diese Nacht im Gefecht erlebt hat und was ihn inzwischen bewegt. Die Gespräche sind anders als mit ihren Frauen oder mit Freunden. Nicht, dass sie da nicht offen wären, aber in ihren stillen Runden am Lagerfeuer sind sie ganz bei sich selbst und in Gedanken in jener Nacht. Sie fühlen sich nicht als Helden, obwohl man ihnen sagte, dass sie genau das seien. Sie fühlen sich eher verloren in einem Chaos aus Pflichterfüllung, Wut, Ehre, Angst, Horror, Schmerz, Verlust und Verbundenheit. Cluster versucht, als damals Führender, seinen Kameraden weiterhin irgendwie Halt zu geben, und darum will er für das nächste Treffen einen speziellen Coin anfertigen lassen. Eine große Münze, die nur die Soldaten von Höhe 157 haben sollen und die sie noch stärker verbinden wird. Cluster ist sich sicher, dass sie ihn ohne viele Worte verstehen und sich sehr freuen werden.

Cluster hat schon viele Coins gesehen, fast jeder Soldat hat sowas, der irgendwie, irgendwo und irgendwas erlebt hat. Die meisten Coins sind nett umrandet und fein gearbeitet, teilweise farbig glänzend und mit schmückenden Worten, martialischen Motiven und symbolträchtigen Jahreszahlen versehen. Es scheint ihm manchmal so, als würden die prächtigsten Coins für die nichtigsten Anlässe gemacht, aber das ist ungerecht. Er weiß selbst, wie stolz ein Soldat ist, wenn er in Respekt und Anerkennung einen Coin erhält. Dieses Gefühl lässt sich mit Geld bei eBay nicht kaufen und Außenstehende können das auch nur schwer verstehen. Das müssen sie ja auch nicht. Es reicht, wenn seine Leute ihn verstehen. Plötzlich hat Cluster eine Idee, malt weiter auf seinem Blatt Papier herum, lächelt schließlich still in sich hinein, trinkt seinen Rotwein aus und geht ins Bett.

Am nächsten Tag schreibt er eine längere E-Mail an eine Firma, die solche Coins produziert. Cluster schildert darin sein Vorhaben und hängt seine Skizze an. Kurze Zeit später bekommt er einen freundlichen Anruf mit einigen Rückfragen. Ob die Stückzahl wirklich nur zehn Stück betrage, es gebe eine Mindestbestellmenge. Cluster überlegt, ob er auch für die nächsten Angehörigen Coins anfertigen lassen soll, entscheidet sich dann aber dagegen. Auf Höhe 157 waren keine Angehörigen, sondern nur zehn Fallschirmjäger.

Es wird noch über die Gestaltung diskutiert. Man könne den Coin auch mit einem schönen Rand versehen oder farbig gestalten. Cluster überlegt erneut. Aber Höhe 157 hatte keinen Goldrand, wahrlich nicht, und besonders farbig war es da oben auch nicht gewesen, bis auf die Mündungsfeuer in der Nacht.

Einige Wochen später sitzen die sechs verbliebenen Soldaten von Höhe 157 um ein Lagerfeuer herum. Spät am Abend holt Cluster zwanzig Coins, die Mindestbestellmenge, aus seiner Hosentasche. Er zählt die Hälfte ab und wirft sie in die orangeweiße Glut, in der sie schwarz und weich werden. Seine Kameraden schauen ihn fragend an. "Auf Höhe 157 hat unser aller Leben aufgehört.", sagt er schließlich. Er geht nun zu jedem Kameraden und drückt ihnen einen der restlichen Coins in die Hand. "Am Morgen nach Höhe 157 hat irgendwas Neues angefangen. Ich weiß auch nach zehn Jahren noch nicht, was das ist, aber ich bin froh, dass Ihr dabei seid." Viel mehr wird an diesem Abend nicht mehr gesprochen. In Clusters Hand verbleiben vier Coins, mit denen er versonnen spielt. Er spürt, wie die Coins die Wärme seiner Hand und die Hitze des Lagerfeuers aufnehmen, bis sie sich wohlig warm und lebendig anfühlen. Cluster weiß, an welchen Ort er diese Coins bringen will, aber er fühlt, dass er jetzt noch nicht die Kraft dazu hat.

Das Interview

Sand in meiner Seele
Sand fließt durch mein Blut
Werd' ignoriert in meinem Lande
Werd' verleugnet und verdammt

Jesse Cole[5]

Die Reporterin mit den dunklen Augen und der samtenen, tiefen Stimme war am Morgen ins sächsische Pulsnitz gereist, sitzt nun Frank "Keule" Kennert gegenüber und baut ihr Mikrofon auf dem Tisch auf. Er beobachtet sie und sie fühlt sich beobachtet. Sie hätte lieber einen Tontechniker dabeigehabt, aber Frank hatte darauf bestanden, dass nur sie allein kommt; allein oder gar nicht. Er fühlt sich schnell überfordert und sie ist der erste Besuch in seiner Wohnung, den er seit vier Jahren eingelassen hat. Wohnung und Bewohner sind etwas heruntergekommen. Die Reporterin sieht Keule an, dass er keinen Sport mehr macht und zu viel Bier trinkt. Eigentlich ist sie auch kein richtiger Besuch, denn sie kommt nicht zu ihm, sondern zu seinem Alter Ego "Keule". Keule war sein Nickname im Einsatz und er soll nun von seiner Zeit in Afghanistan erzählen. Keule hatte lange überlegt, ob er der Anfrage der Journalistin zustimmen sollte, hatte sich dann aber dafür entschieden. Wer weiß, wozu es gut ist.

"Herr Kennert, Sie waren mit der Bundeswehr in Afghanistan. Wie geht es Ihnen heute?", fragt die

Reporterin, als sie endlich ihr Mikrofon zurechtgefummelt hat. “Mir geht es gut, danke.” Sie fährt fort: “Können Sie uns schildern, wie Sie im Rückblick Ihren Einsatz sehen?” “Tja, ich war wohl zum schwierigsten Zeitpunkt da unten. Die Taliban hatten sich so richtig schön auf uns eingeschossen und es verging kein Tag, an dem wir nicht irgendwo Feindkontakt hatten. Und mit Feindkontakt meine ich nicht Teetrinken.” “Wie lief das typischerweise ab?” Frank denkt kurz nach, was er Keule antworten lässt: “Das konnte alles Mögliche sein. Irgendein Sprengsatz an Straßen oder Brücken, eine einzelne Person, die plötzlich losballert, am Kontrollposten oder sogar innerhalb des Lagers. Oder ein gut vorbereiteter Hinterhalt. Alles war immer und überall denkbar.” “Wie gingen Sie in dieser Zeit mit Ihrer Angst um? Und wie gingen Ihre Kameraden mit Angst um?” “Naja, im Grunde muss das jeder mit sich selbst ausmachen. Ich weiß das auch gar nicht mehr richtig. Wenn ich zurückdenke, hatte ich wahrscheinlich immer und überall Angst, habe aber trotzdem meinen Auftrag erfüllt. Ging ja auch gar nicht anders.” “Gab es denn von der Bundeswehr Unterstützung für Sie?” “Ja, aber muss halt jeder selber wissen. Mir war das immer zu viel Gequatsche. Wissen Sie, ich bin Soldat und da gehört die Scheiße dazu.” “Was meinen Sie damit?” “Staub, Dreck, Blut, Tod.” “Gab es Erlebnisse, die Sie besonders geprägt haben?” “Ich weiß nicht. Eigentlich nicht.” Frank überlegt eine Weile und spricht dann leise weiter: “Es gab mal eine Situation, die mir nicht aus dem Kopf geht. Wir waren in einem Gefecht gegen Taliban und als alles vorbei war, gab es noch eine Explosion in dem kleinen Dorf, wo das war. Da ist dann unserer Feldwebel mit mir, dem Sani und noch einem in das Dorf rein, weil da ein kleines Kind verletzt mitten auf der Straße lag. Die war vielleicht drei oder vier Jahre alt, das ist schwer zu schätzen. Sie war ganz klein und dünn. Die lag da und hat richtig heftig am Hals geblutet. Ich dachte echt, die stirbt. Ich weiß nicht, wer sie verletzt hat. Ich hoffe nicht, dass wir das aus Versehen waren. Der Sani hat sie jedenfalls versorgt und plötzlich kamen von allen Seiten wütende Leute, ein paar mit Kalaschnikows und ich dachte, die machen uns platt. Aber die waren alle total wegen dem Kind aufgeregt und das war das absolute Chaos." "Wie viele Leute waren das?" "Keine Ahnung. Jedenfalls hat der Sani das Kind zusammengeflickt. Sobald er die Wunde verbunden hatte, haben sie ihm das Kind vom Schoß weggerissen und weg waren sie. Keine Ahnung, wie sie das überleben sollte. Wir haben sie nie wieder gesehen." An dieser Stelle bricht Keule die Stimme weg und er fängt an, bitterlich zu weinen. Die Reporterin schaut ihn ruhig und mitfühlend an, kramt in ihrer Tasche und legt behutsam eine Packung Taschentücher auf den Tisch.

Frank ignoriert das und redet nach einer kleinen Weile schniefend weiter: “Ich … die war so klein … die hatte so ein Glück, dass unser Sani da war … aber ohne uns hätte es das Gefecht auch gar nicht gegeben … ich weiß nicht … ich … ich wüsste einfach gern, ob sie noch lebt. Ich glaubs nicht, eigentlich keine Chance.” Frank ist jetzt in sich zusammengesackt und die Reporterin schaut ihn besorgt an. “Ich denke, dass wir schuld sind und dass sie bestimmt tot ist.” “Wie gehen sie damit um? Haben Sie Hilfe? Freunde?”, fragt die Reporterin. “Inzwischen kümmert sich die Bundeswehr ja. Aber die Scheiße im Kopf bleibt trotzdem. Keine Ahnung. Freunde habe ich nicht so viele.”, gesteht er, aber weder hat er sich psychologische Unterstützung gesucht, noch hat er viel Kontakt in seinem Alltagsleben. Nur mit einigen Kameraden aus der Einsatzzeit steht er noch lose in Kontakt und fährt einmal im Jahr mit ihnen für ein Wochenende zelten. Ansonsten war es das; seinen Chef vom Sicherheitsdienst und die angetrunkenen Punker am Einkaufszentrum, die er ab und an verjagt, zählen nicht unbedingt unter ‘Freunde‘. “Wie geht es Ihnen, wenn Sie an den Abzug der Bundeswehr aus Afghanistan denken?”, wechselt die Reporterin das Thema. Keule atmet tief durch und antwortet: “Schwieriges Thema. Einerseits gut, dass wir da weg sind, weil das alles irgendwie so gar nichts gebracht hat und die Taliban jetzt wieder da und top ausgerüstet sind. Auf der anderen Seite hoffe ich, dass ein paar Leute gesehen haben, wie es auch anders gehen kann.

Aber die, die irgendwas im Kopf haben und was können, die laufen schleunigst weg aus Afghanistan; kann man ihnen auch nicht verübeln." "Welche Perspektive sehen Sie denn für das Land?" Frank überlegt einen Augenblick. "Ich denke, dass die Taliban das auch nicht auf die Reihe bekommen, Afghanistan zu regieren und dass das Land komplett den Bach runtergeht. Vielleicht kommt es ja aber auch noch ganz anders" "Woran denken Sie da?" "Als die NATO abgezogen ist, hat ja die afghanische Armee komplett gekniffen und ich frage mich, warum? Da kam sicher viel zusammen, aber vielleicht gab es ja auch Kräfte im Land, die einfach nicht mehr kämpfen wollten. Vielleicht haben die Dorfältesten, Mullahs, oder wer auch immer, das erste Mal eine kluge Entscheidung im Sinne ihrer Leute getroffen, die noch mehr Tote verhindert hat? Ich meine, die hatten in den letzten Jahren Verluste ohne Ende. Was meinen Sie denn, warum wir uns zum Schluss meistens im gut gesicherten Feldlager aufgehalten haben? Wir wollten immer nur, dass die afghanische Armee weiterkämpft, wenn wir weg sind. Aber wofür? Das sind doch am Ende auch ihre eigenen Leute gewesen. Ich weiß es nicht." "Wollen Sie uns noch sagen, wie Sie die Reaktionen in Deutschland nach dem Abzug wahrgenommen haben?" "Eigentlich ist da nur große Enttäuschung. Sehen Sie, wir Soldaten haben in Afghanistan eigentlich nichts falsch gemacht. Aber wir wurden von der Politik ständig ausgebremst und das hat voll genervt. Schauen sie sich allein die Diskussion an, ob das nun Krieg oder 'kriegsähnliche Zustände' oder was auch immer war. Das ist doch bescheuert. Klar weiß jeder Soldat, was Krieg ist und was nicht. Wenn Sie im Krieg wären, wüssten Sie das auch und würden das nicht anders nennen. Ich verstehe ja, dass Krieg völkerrechtlich eine klare Definition hat. Aber für die Soldatinnen und Soldaten war die direkte Erfahrung vor Ort Krieg. Fertig. Ende. Zum Schluss ließ sich dann auch kaum ein Politiker bei uns blicken und dass zum Großen Zapfenstreich nur zwei Soldaten eingeladen waren und alle anderen draußenbleiben mussten, fand ich einfach schäbig." "Wie meinen Sie das?" "Eh, wir haben da so gelitten, wir haben neunundfünfzig Kameraden verloren, unzählige wurden verwundet, haben ihre Ehen eingebüßt und schauen Sie mich an. Mein Leben ist am Arsch! Ich kann nicht mehr richtig schlafen, ich habe keine Familie, ich bewache ein Einkaufszentrum und die Hälfte davon besteht aus leeren Geschäften! Und dann darf ich nicht mal dabei sein, wie mir angeblich für meinen Einsatz gedankt wird? Ich verstehe es nicht." "Was müsste sich aus Ihrer Sicht ändern?" "Pah! Das ist aber ein großes Thema, das Sie da jetzt aufmachen." "Suchen Sie sich ein Beispiel raus.", ermuntert die Reporterin freundlich und Frank überlegt kurz. "Die Politik und die Leute müssten sich mehr Zeit nehmen und mit uns reden. Das wird immer nur so nebenbei abgehakt und meistens erntest du Unverständnis. Das betrifft auch die Medienleute.

Beim Großen Zapfenstreich für den Afghanistaneinsatz war es zum Beispiel so, dass in der Moderation kurz drauf eingegangen wurde, als die Musik von "Band of Brothers" gespielt wurde, dass sie aus einem amerikanischen Kriegsfilm stammen würde und es um Kameradschaft geht. Als Zuschauer muss man doch da den Eindruck bekommen, dass einsame Jungs zu viele amerikanische Kriegsfilme geschaut haben und darum bei der Bundeswehr landen. Ich fand genau dieses Musikstück aber sehr passend, denn es ist meiner Meinung nach eine tiefe Verbeugung vor der Opferbereitschaft der amerikanischen Soldaten, die uns in Afghanistan massiv unterstützt haben und ohne die bis zum Schluss nichts ging. Deren MedEvac-Hubschrauber waren ein ums andere Mal unsere Lebensversicherung, wenn es schnell gehen musste und ohne ihre Luftnahunterstützung wären manche Situationen für uns richtig schlimm ausgegangen. Auch ist "Band of Brothers" neben der dargestellten Kameradschaft ein klares Bekenntnis gegen Nazis. Da gibt es eine ganze Episode, die sich mit dem Holocaust beschäftigt und das wurde einfach nicht richtig kommuniziert. Was in den sozialen Medien blieb, war die sinnlose Diskussion, ob Fackelmärsche vor dem Reichstag Markenkern von Nazis sind und ob jeder Soldat, der eine Fackel trägt, ein Nazi ist. Als hätten die das Feuer erfunden, das ist Blödsinn. Aber sowas passiert, wenn man nicht miteinander redet und der Eine dem Anderen die Welt erklärt." "Können Sie das genauer beschreiben? Es gibt ja durchaus immer wieder rechtsextremistische Vorfälle in der Bundeswehr. Was denken Sie dazu?" "Natürlich gibt es das und auch viel zu oft. Aber ich glaube, da passiert weniger als die Öffentlichkeit denkt und es wird auch viel und gern missverstanden. Im Militär geht es halt etwas rauer zu." "Aber zwischen rau und politisch radikal wird es ja noch Abstufungen geben, oder?", fragt die Reporterin leicht bohrend nach. "Schon, aber nehmen Sie das Schweinskopfwerfen, das wird halt schon mal gemacht und ist eben ein Partygag." "Sie meinen, wie damals bei dieser seltsamen KSK-Feier?[6] Können Sie nachvollziehen, dass sich die Zivilgesellschaft und Gläubige anderer Religionen davon beleidigt fühlen könnten?" "Aber das war nicht öffentlich und auch nicht als Beleidigung gedacht! Das ist doch nur ein derber Spaß. Das machen wir auch schon mal, wenn Kameraden anderer Länder da sind." "Auch wenn Kameradinnen und Kameraden aus Israel zu Gast sind?" "Nein, dann natürlich nicht." "Was denken Sie, wenn bei Rechtsextremismus von sogenannten Einzelfällen gesprochen wird?", fragt die Reporterin. Keule fühlt sich jetzt etwas in die Ecke gedrückt und antwortet: "Ich mag den Begriff nicht. Alle interpretieren rein, was sie wollen." Die Reporterin möchte nun langsam zum Ende kommen. "Wie würden Sie sich heute entscheiden? Wieder als junger Mann zur Bundeswehr oder nicht?" "Wollen wöllte ich, aber können kann ich nicht mehr." "Herr Kennert, ich danke Ihnen für das Gespräch."

Die Parkbank

"Aber ich habe ihr noch nie die Flasche gegeben oder die Windeln gewechselt. Vor so viel Nähe habe ich Angst."

Robert Sedlatzek-Müller[7]

Die Reporterin ist gegangen. Die Packung Taschentücher, die sie herausgeholt hatte, als Frank während des Interviews die Tränen kamen, liegt noch auf dem Couchtisch. Irgendwelche bunten Strukturen sind darauf gedruckt, die ihn irritieren. Sie gehören nicht hierher, weder die Farben, noch die Strukturen, und er kann sich so nicht entspannen. Aber es wäre auch schade um die Taschentücher, und nach einigen Minuten des Nachdenkens und nach zwei weiteren Zigaretten, nimmt er sie aus der Verpackung und bringt die bunte Folie zum Abfall in der Küche.

Zwei Stunden später sitzt Frank immer noch auf der Couch und starrt den Stapel Papiertaschentücher an.

Ich habe vorhin wirklich kurz geweint. Ich habe wirklich geweint. Wie hat sie das gemacht? Ich habe seit Jahren nicht geweint und dann kommt diese Frau, setzt sich hin, stellt Fragen und ich weine. Ich weine um dieses kleine Mädchen, von dem wir nichts wissen, als dass sie im Staub liegend fast tot war als wir kamen und, als wir gingen, zumindest einen Verband am Hals hatte. Fuck, und ich habe heute geweint. Ich hoffe nicht, dass der ganze Mist jetzt wieder hochkommt. Darauf habe ich echt keinen Bock mehr.

In Franks Kopf spielen sich nun seltsame Dinge ab, die er alle schon kennt und die ihn irgendwie beruhigen. Da ist das Rattern seines G36 und das Gefühl des Rückstoßes an der Schulter, da ist der Geruch nach Dreck und schlimmeren Dingen, der Geschmack einer Zigarette, gemischt mit Bier.

Wie hat sie das gemacht? Die Fragen waren ganz normal und sein Typ war sie nicht gewesen, auch wenn sie durchaus hübsch anzusehen war. Aber Frank wusste auch, dass sie einfach drei Nummern zu groß für ihn war und dass er nicht mal von einer Frau wie ihr träumen sollte. Wie hatte sie ihn zum Weinen gebracht? Das hatte seit seiner Rückkehr aus Afghanistan niemand geschafft. Das letzte Mal, dass Frank sich an eigene Tränen erinnerte, war damals auf dem Rückflug aus dem Einsatz gewesen, als die Last etwas abfiel und er sich mit seinem Sitznachbarn unterhalten hatte. Aber daheim, da waren seine Gefühle wie ausgeknipst.

Es ist inzwischen Abend geworden und Frank sitzt immer noch auf seiner Couch. Das Päckchen Zigaretten ist leergeraucht und wenn er morgen nicht mit schlechter Laune starten will, muss er jetzt nochmal zur Tanke, Nachschub holen. Einmal am Tag frische Luft ist vielleicht auch nicht schlecht. Und so geht Frank in den Abendstunden zur nahegelegenen Tankstelle. Er kommt an einem Imbiss vorbei, aus dem beunruhigender Bratenduft zieht, und an einem Park. Hier fällt es ihm ein. Ihr Geruch hatte ihn irritiert, denn den kannte er. Irgendein spezielles Parfum, das wahrscheinlich viele Frauen tragen, aber dieses kannte er und der Park hatte damit auch zu tun. Stimmt, hier hatte Frank vor fast einem Jahr auf eine Frau gewartet und sie hatte bei ihrem Kennenlernen genau dieses Parfum an sich getragen. Frank erinnert sich natürlich auch daran, dass er damals gegangen war, bevor sie kam, und dass er das lange als große Niederlage bedauert hatte. Aber der Mut war einfach nicht da gewesen, jemanden in sein Leben zu lassen. Zu armselig und klein kam es ihm vor.

Frank läuft nun weiter, holt drei Packungen Zigaretten und auf dem Rückweg setzt er sich auf die Parkbank, auf der er damals keinen Mut gefunden hatte.

Was mache ich hier? Was ist das für eine Scheiße in meinem Leben? Wieso bekomme ich nichts auf die Reihe und wie soll das enden? Ich will so nicht weiterleben, nicht so einsam. Irgendwas muss geschehen, irgendwer muss mich doch retten kommen. Während Frank weiter in Selbstmitleid badet, schleicht sich wieder der Parfum-Gedanke in sein Gedankenkarussell. Was wäre gewesen, wenn er damals nicht gekniffen hätte? War die Frau überhaupt gekommen oder hatte sie es sich auch anders überlegt? Hätten sie sich was zu sagen gehabt, oder hätten sie sich nach einer Runde im Park erleichtert für immer verabschiedet? Langsam findet Frank Gefallen daran, wieder an diese Frau zu denken, auch wenn das nicht stattgefundene Date nun schon viele Monate her ist. Zu viele Monate, um einfach so anzurufen und normal zu tun. Zudem hatte sie sich nicht gemeldet und das war nun auch nicht wirklich ermutigend. Frank raucht eine weitere Zigarette und inzwischen ist es schon Nacht geworden. Frank fragt sich, ob er Moses kurz anrufen könnte und entscheidet sich für eine Textnachricht:

moses wo bist du hast du zeit

Wüste. Immer

danke alter es geht um eine frau
hab mich nicht bei ihr gemeldet

Ist sie sauer auf dich?
Ist sie schwanger?

weiß ich nicht kenn sie ja nicht

Keule, du redest in Rätseln

wir hatten date ich nicht hin

Ja und?

soll ich anrufen?

Na wenn du sie sehen willst, musst du
dich bei ihr melden, erklären, entschuldigen
solche Dinge dann wirst du sehen

aber was denkt sie von mir

Woher soll ich das wissen?
Frag sie, bist doch ein toller Typ

anrufen oder schreiben
was ist besser

Ab 1900 anrufen
Ehrlich sein, Haltung zeigen

danke alter

Hochzeit wann?

over and out

HH-60M Black Hawk

Hope that we have enough crews
for every wounded soldier out there.

Nissa Brodman
US Army, Aeromedical Evacuation Officer[8]

Der Alarm beim amerikanischen Forward Surgical Team geht pünktlich kurz vor Wachwechsel ein. Carl schaut von seiner Müslischüssel auf und rüber zu Ann. Sie schaut zu ihrem Co-Piloten Paul, der nur kurz nickt. "Okay Carl, iss Du mal Dein Müsli. Wir machen das. Du schuldest uns eine Coke.", ruft Ann ihm noch über die Schulter zu und rennt mit Paul los. Wenige Minuten später ist ihr MedEvac-Helikopter vom Typ HH-60M Black Hawk in der Luft und der Flug gegen die Zeit beginnt.

Der Helikopter schimmert matt anthrazit in der afghanischen Sonne, langgestreckt und imposant. Er ist staubig und an einigen Stellen zerkratzt und zerbeult. Insgesamt ist er dennoch in gutem Zustand, regelmäßig gewartet und intensiv genutzt. Ann mag ihre Maschine sehr, fast persönlich. Sie mag seine Form, die nicht so kantig ist wie die der schwerer bewaffneten Apache-Kampfhubschrauber, die es hier am Außenposten auch gibt.

Sie schaut ihren Technikern gern zu, wenn sie an ihrer Maschine arbeiten und ihre Checklisten durchgehen; dann weiß sie, dass beim nächsten Flug alles gut wird, denn der nächste Einsatz kommt immer und viel zu oft. Nun nimmt der Black Hawk mit der Nase nach unten rasch Geschwindigkeit auf. Er ist gut erkennbar mit einem roten Kreuz auf weißem Grund markiert und nicht bewaffnet. Ann liebt ihre Starts und jagt den Helikopter in Richtung der Berge. Sie fragt für ihren Co-Piloten nach den genauen Koordinaten und den Kommandanten nach mehr Details. "Deutsche, IED, zwei Verwundete, 20 Minuten". Hinten hat sich ihre Rettungssanitäterin routiniert bereitgemacht. Unter dem Sitz liegen einige schwarze Säcke und sie hofft, sie heute nicht mehr zu brauchen. Hinter Anns Black Hawk erhebt sich ein zweiter Black Hawk in die Luft, bewaffnet und mit einem Sicherungsteam an Bord. Links und rechts des zweiten Helikopters sind Maschinengewehre angebracht, um im Fall der Fälle die MedEvac-Crew zu schützen. Gemeinsam dröhnen die beiden Helikopter durch die Berge und erreichen ihr Zielgebiet. Sie stimmen sich mit den Deutschen am Boden ab und überblicken kurz die Lage. Ann kann gegen die Sonne eine aufgebrachte Menge Einheimischer erkennen, die von einigen deutschen Soldaten zurückgehalten wird. Das sieht nicht gut aus und sie befürchtet, dass sie aus der Menge heraus mit Kalaschnikows oder RPGs beschossen werden könnte.

Der bewaffnete Black Hawk schiebt sich in diesem Moment zwischen sie und die Menschenmenge am Boden und Ann führt ihren Landeanflug etwas beruhigter fort. Schließlich setzt sie ihre Maschine unweit der Unglücksstelle weich und windabgewandt in den sandigen Staub. Sie schaut rüber zu der grauschwarzen Rauchsäule und erkennt einen deutschen Dingo, der offenbar auf eine mittelgroße Sprengfalle aufgefahren ist. Die Fahrzeugstruktur ist noch erkennbar, der vordere Teil ist aber stark beschädigt, die Vorderräder wurden abgerissen und liegen ungefähr dreißig Meter weiter zerfetzt im Staub. Der Dingo wirkt, als wäre er wie ein angeschlagener Kämpfer auf die Knie gegangen und brennt lichterloh. Die Türen stehen offen. Ann wertet das mit kundigem Blick als gutes Zeichen.

Zwei Verwundete waren angekündigt und das ist bei dem Anblick des Fahrzeugs Wunder genug. Normalerweise würde sie bei einer solchen Detonation eher mit zwei Toten rechnen. Bemerkenswert ist auch, dass im Dorf offenbar niemand verletzt wurde, denn die Splitter fliegen hunderte von Metern und zerreißen alles, was nicht flach auf dem Boden liegt.

Ann sieht von ihrem Pilotensitz aus, wie die Deutschen zwei beladene Tragen heranschleppen und wie ihre Rettungssanitäterin zu ihnen läuft. Im Laufen machen sie eine kurze Übergabe.

Blutdruck, Puls, festgestellte Verletzungen und erfolgte Erstmaßnahmen der Rettungssanitäter. Parallel schaut Ann immer wieder rüber zu der aufgebrachten Menschenmenge und fragt über Funk, was da los ist.

“Das sind Hazara. Die Deutschen haben keinen Dolmetscher dabei. Halten sie auf Abstand. Over” Als die beiden Tragen in den Helikopter gewuchtet werden, schaut sich Ann kurz um. Das tut sie selten, denn sie ist zum Fliegen hier. Aber eben hat sie gesehen, dass einer der Verwundeten eine junge Soldatin ist und das machte es für sie dann doch irgendwie persönlich. ‘Halte durch, Schwester’, denkt sie bei sich. Die Verwundete, die von Ann unter dem schwarzen Helmvisier nur Nase, Haarspitzen und Mundpartie mit schmalen Lippen erkennen kann, schaut sie kurz mit weit aufgerissenen Augen an, bevor die Rettungssanitäterin das Schmerzmittel anhängt und die Patientin mit einem apathischen Grinsen wegdreht. “30 Minuten”, knarzt es in ihrem Ohr und Ann versteht das als Zeichen zum Aufbruch. Die Zeit läuft und eine halbe Stunde ist es schon her, dass die Soldaten verwundet wurden. Ziel ist, dass sie innerhalb einer Stunde, der ‘Golden Hour’, auf dem OP-Tisch liegen. Ziel ist, dass sie so schnell wie möglich umfassend, fachkundig untersucht werden und festgestellt wird, welche Verletzungen sie genau haben, damit eine zielgerichtete Behandlung sofort beginnt. Das ist die stille Übereinkunft zwischen Soldaten und ihren Rettungssanitätern: Wir kämpfen gegen den Feind und ihr kämpft für uns. Ohne euch gehen wir nirgendwo hin.

Sprengstoffanschläge führen meist zu vielen verschiedenen Verletzungen, nicht nur den äußerlich sichtbaren. Druckwelle, Hitze, aufgesprengte Kiesel und beigemengte Metallteile malträtieren Körper und Geist. Haut verbrennt, Knochen splittern, Organe reißen und Neuronen feuern Schmerz in alle Richtungen. Ann weiß das alles und sie hat auch schon gesehen, dass äußerlich fast unverletzte Kameraden dann doch schnell verstarben, weil irgendwo eine innere Blutung unbemerkt blieb oder der Körper im Schockzustand verrücktspielte. Innere Blutungen an Leber, Milz oder Gehirn können rasant schnell zum Tod führen, auch wenn sie nicht sichtbar sind. Ein Riss im Darm kann schnell zu einer Sepsis werden und dann bleibt wenig Zeit für Rettung. Also jagt sie ihre Maschine nun unter dem Schutz des zweiten Black Hawks zurück zum US-amerikanischen Stützpunkt und hofft, dass die Zeit für die beiden Verwundeten ausreicht.

Ann ist seit einem halben Jahr in Afghanistan und sie hat nicht mitgezählt, wie oft sie ihren Black Hawk schon durch die umliegenden Täler manövriert hat. Immer auch als Zielscheibe für Taliban, das ist ihr durchaus bewusst.

Aber sie ist sehr stolz und zufrieden mit sich und ihrer Aufgabe. Es ist ein hartes Umfeld und sie zählt die Tage bis zum Heimflug, aber es ist trotzdem die bisher beste Zeit ihres Lebens. Das Arbeiten hier am Limit kommt ihr wie ein langer Rausch vor. Die Intensität der Tage ist unglaublich, das Adrenalin beim Fliegen überwältigend und die Belastung hoch. Sie liebt das. Wenn sie fliegt, dann immer mit eintausend Prozent. Wenn sie schläft, dann immer tief und fest und wenn sie Hunger hat, dann isst sie mit viel Appetit. Ihre Kameraden sind ihre Brüder und sie ist sehr stolz auf sich und ihr Team. Es scheint, als wäre sie für diesen Krieg und für diesen Job hier gemacht.

Der Stützpunkt kommt in Sicht und schließlich landen sie hart auf dem steinigen Flugfeld. Hier ist extra grober Schotter aufgeschüttet worden, um dem afghanischen Staub zu trotzen. Die Sanitäter fluchen, wenn sie die Tragen über den Schotter wuchten, aber immer noch besser, als ständig aufgewirbelten Staub zu schlucken, Triebwerke zu verschmutzen und frische Wunden zu kontaminieren. Ann sitzt im Pilotensitz. “40 Minuten, perfekt.”, knarzt es im Kopfhörer. Schluss für heute, Carl ist nun dran. Ann trinkt gierig Wasser aus einer Plastikflasche, stellt sich unter die lauwarme Dusche und spült den Staub, den kalten Schweiß und das Adrenalin von ihrem Körper ab. Schließlich schlendert sie rüber zum OP-Bereich, wo sie auf Carl trifft. Der OP ist in einer Mischung aus Container und Zelt untergebracht.

Alles ist eng und stickig. Die Sperrholzwände sind mit Schränken dicht behängt, aus denen medizinisches Verbrauchsmaterial quilt. Zwei OP-Tische stehen nebeneinander, zwischen denen die Ärztinnen und Sanitäter hin und her wechseln. Mobile Ultraschall- und Röntgengeräte sowie allerlei Monitore stehen im Weg und irgendwo hängt immer ein Kabel herum. Eine Klimaanlage bläst kalte Luft in den überfüllten Raum. Es ist schwierig, sich in diesem Chaos zurechtzufinden, denkt Ann immer, wenn sie hier für einige Minuten zuschaut. Das wäre nichts für sie. Aber ihre Kameraden machen das sehr professionell und lassen sich durch nichts aus der Ruhe bringen. Sie wären im Vergleich dazu von all den Knöpfen, Lämpchen, Anzeigen und Schaltern überfordert, die Ann in ihrem Black Hawk blind bedienen kann. Viele Stunden verbringen die erfahrenen Ärztinnen, Ärzte und Sanitäter jeden Tag in diesem OP und so manches junge Leben wurde hier gerettet oder dem Herrn übergeben. Hier kommen all die glücklosen Soldaten an, die keinen guten Tag hatten. Der Job von Ann und ihrer Crew ist es, wieder etwas Glück ins Spiel des Lebens zu bringen. “Wie schaut es aus?” “Die Deutschen? Alles gut. Sie werden das überleben.” “Schön, und wie sieht es mit meiner Coke aus?” Carl grinst sie an: “Ich hol Dir eine, hast Du Dir verdient.” Ann muss ihre Cola dann selbst holen, denn vier Minuten später steigt Carls Black Hawk im Rennen gegen die Zeit in den afghanischen Himmel und Ann sieht noch, dass ihn diesmal ein Apache sichert.

Hamids Ziege

Der Boden unter mir fühlt sich zunehmend wie ein Teil meines Körpers an. Mein Atem wird schwerer, langsamer.

Khaled Hosseini [9]

Hamid ist ein junger Afghane von der Volksgruppe der Hazara. Er ist an diesem Morgen auf den Feldern rund um sein Dorf unterwegs und sucht nach einer Ziege, die aus seinem Hof entwischt sein muss. Er ist ein angesehener Bauer, der es in bescheidenem Rahmen zu einem gewissen Wohlstand gebracht hat. Sicherlich hat dabei geholfen, dass sein Großvater der Dorfvorsteher ist und seine Stimme bei den Hazara Gewicht hat. Aber Hamid ist auch klug und umsichtig genug gewesen, eine gute Frau zu heiraten, die ihm schon einen Sohn geboren hat und deren Familie seinen Einfluss mehrt. Das Leben meint es gut mit Hamid und so hat er bereits in jungen Jahren einen eigenen Hof, übernommen von einem Bauern, der mit seiner Familie vor einigen Monaten vor den Taliban flüchtete.

Hamid weiß, dass seine morgendliche Ziegensuche ein riskantes Unterfangen ist, denn in den letzten Tagen waren immer wieder Talibankämpfer in der Nähe des Dorfes aufgetaucht und wo Taliban sind,

sind auch Sprengfallen für die Besatzer nicht weit. Aber sein Sohn ist noch zu jung, um die Ziege zu suchen. Manche Dinge muss ein Mann eben selbst tun. Hamid achtet darauf, dass er der Straße nicht zu nahe kommt, die immer ein lohnendes Ziel für Anschläge ist. Er muss seine Ziege auf jeden Fall wiederfinden, bevor einer der Nachbarn ihrer habhaft wird und sie für sich beansprucht. Schlimm genug, dass er auf deren Feldern herumsuchen muss. Er kann es sich nicht leisten, die Ziege zu verlieren, denn sie gibt viel Milch und ist gesund.

Hamid sieht ein einzelnes Fahrzeug die Straße entlangfahren und beobachtet es aus der Ferne genau. Er hat sich dafür hingehockt, um im Falle einer Explosion bereits nah am Boden zu sein. Das Auto fährt wohlbehalten weiter und Hamid beruhigt sich etwas. Er richtet sich auf und sucht weiter. Keine Spur von seiner Ziege und das findet er seltsam. In der Ferne macht er nun eine größere Staubwolke aus, wie von einem Lastwagen oder einem Militärkonvoi. Die Staubwolke nähert sich langsam und schließlich erkennt er deutsche Flaggenfarben an den Fahrzeugen. Wieder hockt sich Hamid hin, denn auch wenn es auf der Straße offenbar keine Sprengfalle gibt, ist es immer gut, sich nicht zu zeigen.

Mit einem dumpfen Knall und einer mächtigen Druckwelle explodiert dann aber doch eine große

Sprengfalle unter dem ersten Fahrzeug des Konvois. Metallteile, Steine und Staub werden durch die Druckwelle mitgerissen und hunderte Meter weit katapultiert. In der Detonation zerreißt es einen Schäkel, der monatelang im schmutzigen Staub Afghanistans an der Front des Dingos hing, um im Falle einer Havarie zum Abschleppen genutzt zu werden. Einer der Splitter fliegt in hohem Bogen in Richtung des kauernden Hamids und schlägt glühend heiß unterhalb des linken Rippenbogens in seinen Bauch ein. Der Splitter rast durch Haut und Muskeln, zerreißt Teile des Darms, bevor er von innen im Beckenknochen stecken bleibt. Hamid bricht schreiend zusammen. Er schreit vor Schmerz und brüllt um sein Leben. Er schreit und schreit, bis er schließlich vor Schmerzen bewusstlos wird.

In der Zwischenzeit sind seine Nachbarn aus ihren Höfen gekommen, sie hatten die Detonation und seine Schreie gehört. Hamid wird rasch gefunden, aber außer einem kleinen Riss am Bauch, aus dem nur wenig Blut austritt, ist nicht zu erkennen, was ihm passiert ist. Hamid kommt langsam zu sich und fängt direkt wieder an zu schreien. Seine Nachbarn heben den brüllenden und vor Schmerzen winselnden Hamid auf und tragen ihn zu seinem Hof. Sie sind aufgeregt und ratlos, denn einen Arzt gibt es hier nicht. Hamids Frau versucht, nach dem ersten Schock, Hilfe für ihren Mann zu organisieren. "Ist denn bei den Soldaten kein Arzt dabei? Die können uns doch bestimmt helfen?", fleht sie ihren

Nachbarn Arbaz an und Arbaz läuft los. Er mischt sich unter die Schaulustigen am Anschlagsort, die nichts von Hamids Unglück mitbekommen haben. Zwei deutsche Soldaten stellen sich ihnen entgegen, um das beschädigte Fahrzeug und ihre Kameraden zu sichern. "Wir brauchen einen Arzt und Hilfe!", ruft Arbaz ihnen zu und versucht, auf sich aufmerksam zu machen. "Wir brauchen einen Arzt!" Seine Nachbarn schauen ihn verwundert an und er erzählt ihnen, dass Hamid verletzt sei. Sie rufen nun alle zusammen zu den Deutschen herüber, dass sie Hilfe brauchen, aber die verstehen sie offenbar nicht. Arbaz nimmt allen Mut zusammen und geht mit erhobenen Händen auf die beiden Soldaten zu. Dabei ruft er in seinem Dialekt: "Wir brauchen dringend Hilfe! Wir brauchen einen Arzt! Wir brauchen einen Arzt!" Daraufhin hebt einer der Soldaten seine Waffe in Richtung Arbaz, der sofort innehält.

"Kilo, hier Tango. Lage? Kommen."

"Tango, hier Kilo. Dreißig Einheimische. Keine Bedrohung. Kommen"

"Kilo, hier Tango. Wiederholen. Kommen"

"Tango, hier Kilo. Wiederhole: Dreißig Einheimische, rufen laut, keine Bedrohung, wiederhole KEINE Bedrohung. Kommen"

“Kilo” heißt eigentlich Paul Korn und da er von untersetzter Statur ist, wird er von allen liebevoll nach seinen funkalphabetischen Initialen “Papa Kilo” genannt. Karma, kannst du nichts machen, sogar das “Kilo” hatten sie ihm offiziell für den Funkverkehr zugewiesen.

Papa Kilo steht im sonnigen Staub unter enormem Stress. Er hat vor wenigen Minuten von seinem Beifahrersitz aus gesehen, wie das IED unter dem Dingo vor ihm hochging. Ein großer, stauborangener Feuerball. Die Druckwelle und eine prasselnde Kieselfontaine trafen auch seinen Dingo, aber alles blieb heil. Sein Fahrer hatte nach einer kurzen Schrecksekunde die obligatorische Schleife gefahren, Papa Kilo war abgesessen und unter Sicherung seiner Kameraden vor zu Caro geschickt worden, die sich mühevoll aus der Beifahrertür des brennenden Dingos hievte. Immerhin ging es ihr so gut, dass sie sich selbst aus dem Fahrzeug befreien konnte. Paul warf nur einen kurzen Blick auf ihren Armstumpf und in ihr verbranntes Gesicht. Dann zog er sie rasch aus der Gefahrenzone nach hinten und übergab sie den Sanis. Kurz darauf sah er, dass ein weiterer Kamerad seinen Kumpel Jens “Stange” Siewert als weiteren Verwundeten brachte. Stange und Caro sahen übel aus und der Zugführer brachte per Funk rasch Ruhe und klare Struktur in das Handeln des Zugs. So oft trainiert und nun wirklich passiert.

Papa Kilo wurde nach vorn befohlen, um in Richtung des Dorfes zu sichern. Hier stand er nun und merkte, wie er immer noch schwer atmete und zittrige Knie hatte. Zwar wussten alle, was sie zu tun hatten und taten das Ihre auch, aber natürlich war die Gefahr immer noch gegeben, dass ein zweites IED explodierte oder sie aus dem Dorf heraus beschossen wurden. Aber nichts dergleichen geschah. Vielmehr waren in den letzten Minuten immer mehr aufgeregte aber unbewaffnete Dorfbewohner auf ihn zugekommen. Einer der Afghanen schien besonders aufgeregt, hatte aber offenbar ausreichend Respekt vor Papa Kilos G36.

“Kilo, hier Tango. Ankunft MedEvac 5 Mike. Kommen”

“Tango, hier Kilo. Bestätige MedEvac 5 Mike. Dorfbewohner aufdringlich. Kommen”

“Kilo, hier Tango. Was wollen die? Abstand halten. Kommen”

“Tango, hier Kilo. Abstand halten, verstanden. Kommunikation negativ. Anfrage Dolmetscher. Kommen”

“Kilo, hier Tango. Dolmetscher negativ. Abstand halten. MedEvac 1 Mike. Position halten. Over”

Papa Kilo hört nun dröhnenden Helikopterlärm von zwei Black Hawks der Amerikaner. Der Afghane vor ihm brüllt immer verzweifelter herüber, weicht aber sofort zurück, als Papa Kilo sein G36 erneut hebt. Parallel dazu werden die Verwundeten zum Black Hawk gebracht und ausgeflogen, wenigstens ging das beruhigend schnell. Gut zu wissen, dass man nicht ganz allein ist in diesem feindlichen Gebirge.

Hamid liegt am Abend noch immer in seinem Haus. Seine Frau hat ihm etwas Opium gegen die Schmerzen verabreicht und er fiebert seinem elenden Tod entgegen. Arbaz sitzt weinend vor Hilflosigkeit und Wut im Hof und geht ab und an rein, um zu schauen, wie es seinem Nachbarn geht. Arbaz ist wütend auf sich und die Soldaten. Hilfe war so nah, aber sie haben ihn nicht hören wollen. Das wird er ihnen nie verzeihen. Hamids Herz schlägt viel zu schnell und der Atem geht unregelmäßig. Sein Bauch ist aufgebläht und steinhart verkrampft. Hamids Schreien ist einem leisen Wimmern gewichen und zwei Tage später gibt sein Körper den Kampf gegen die Schmerzen dieser Welt auf, während seine Ziege allein zurückgefunden hat.

Drüber reden

Jede Kriegshandlung birgt Unheil in sich – sie wird nur deshalb als wichtig erachtet, weil sie eine Angelegenheit von Leben und Tod darstellt, und es besteht die Gefahr, dass man sich leichtfertig darauf einlässt.

Li Quan[10]

Sven "Bulgare" Kovac kennt Paul "Papa Kilo" Korn schon seit der Grundausbildung. Damals hatte er noch nicht so viele Kilos auf den Rippen, sondern war ein mageres Würstchen gewesen. Viel Kraftsport, gutes Essen und so manches Bier in kameradschaftlicher Runde hatten ihn dann in seine heutige Form gebracht. Nun sitzen beide nach ihrem Einsatz in Afghanistan in einem Seminar der Einsatznachbereitung. Das Seminar geht über mehrere Tage und die heimkehrenden Soldatinnen und Soldaten sollen hier ihren Einsatz auch mental beenden können und emotional wieder nach Hause finden. Bei Papa Kilo und Kovac ist das ein denkbar weiter Weg. Beide waren mehrere Monate in Afghanistan und während ihrer Einsatzzeit hatte es viele Zwischenfälle mit Verwundeten und auch Toten gegeben. Papa Kilo hatte seine verwundete Kameradin Caro vom brennenden Dingo gerettet und Kovac war mit Caro zumindest im Feldlager öfter zusammen gewesen. Beim Besuch auf der Krankenstation in Afghanistan hatte Kovac dann aber keine gute Figur abgegeben. Seitdem hatten sie nichts mehr voneinander gehört und Kovac fand das irgendwie schade. Er wüsste gern, wie es ihr nun geht, aber Caro hatte ihn ziemlich rüde abserviert. Zugegeben, er war da etwas unbeholfen gewesen. Eigentlich hätte er sie damals am liebsten einfach in den Arm genommen. Aber irgendwie fand er das dann nicht passend und mit ihrem verletzten Arm wusste er auch nicht umzugehen.

Kovac und Papa Kilo sitzen sich nun in einem kleinen Büro gegenüber. Sie sollen ein kleines Rollenspiel machen, hatte die Truppenpsychologin in Auftrag gegeben. Sie sollen sich gegenseitig erzählen, was das schönste und was das schrecklichste Erlebnis in ihrem Einsatz war. Das Gespräch kommt nicht so richtig in Gang. Kovac denkt an Caro und an seine Freundin Jana, die ein weiteres Kind von ihm erwartet. Ist das nun schön oder nicht? Wahrscheinlich müsste sein schönstes Erlebnis im Einsatz gewesen sein, als ihm seine Freundin schrieb, dass sie schwanger ist. Aber das war damals genau an dem Tag gewesen, als Caro angesprengt wurde. Er war noch komplett geschockt gewesen und hatte, wie eben auch, keine Worte dafür. Stockend steigt Kovac nun doch in das Gespräch ein "Ja … Caro … ich …", will er beginnen und kommt nicht weiter. "Caro gehts gut.", antwortet Papa Kilo unvermittelt und Kovac schaut ihn fragend an. "Ich war gestern bei ihr. Sie ist in Koblenz in der Reha, das Gesicht ist halb so schlimm, hören kann sie auch wieder, nur die Hand ist ab.", erzählt Papa Kilo freimütig und Kovac fällt ein Stein vom Herzen.

“Das ist gut. Das wusste ich nicht.” “Naja, wie es innen aussieht, weiß man natürlich nicht, aber das wird schon. Hätte deutlich schlimmer kommen können, denk an Jenny.” “Boah, nicht das auch noch. Lass gut sein.”, entfährt es Kovac genervt, denn Jenny war vor einigen Jahren in Afghanistan gefallen. Taliban, Scharfschütze. “Können wir nicht mit den schönen Dingen anfangen? Wen hast Du alles flachgelegt?” “War schön, geht Dich aber einen Scheiß an.”, grinst Papa Kilo ihn an.” “Alter, Neugier” “Kovac, Du lenkst ab. Los jetzt. Schönstes Erlebnis im Dreck.” “Schönstes Erlebnis im Dreck … lass mich mal überlegen. Mir fällt nix ein. War alles Kacke. Du bist dran.” “Dir wird doch irgendwas gefallen haben, Kovac. Irgendein schöner Moment, ein toller Sonnenaufgang, ein süßer Hund am Straßenrand, ein laues Bier … irgendwas.” “Kilo, Du gehst mir auf’n Sack.” “Nein im Ernst, Kovac. Im letzten halben Jahr muss es doch irgendeinen Moment gegeben haben, an dem irgendetwas schön war in Deinem Leben.” “Kilo, Du gehst mir immer noch auf’n Sack. Sag Du doch mal, was Du toll fandest.” “So normales und vertrautes Zeug eben, nix spezielles. Post von daheim lesen, frische Morgenluft, Musik hören, frische Unterhose, das Griffstück vom G36 spüren, duschen, in Ruhe kacken.” “In Ruhe kacken, genau mein Humor. Ja, Frau Truppenpsychologin, das schönste Erlebnis in Afghanistan … glauben sie nicht. Ich kann Ihnen sagen …!”

"Kovac, ich gebe es auf. Ok, was war Dein größter Horror?" Kovac atmet jetzt tief ein und genauso tief wieder aus und antwortet gefährlich ruhig: "Ich mache von meinem Zeugnisverweigerungsrecht Gebrauch." "Kovac, es nervt. Das führt doch zu nix." "Na dann erzähl Du doch, Psycho", fährt Kovac nun Papa Kilo gehässig an. Papa Kilo legt los, als hätte er nur auf diese Frage gewartet: "Mein schrecklichstes Erlebnis war, als Caro angesprengt und ich vorgeschickt wurde, sie nach hinten zu holen. Ich habe mich gefühlt, als wäre ich komplett nackt und mutterseelenallein. Ich habe mir vorgestellt, an welchen Stellen der Plattenträger überall nicht schützt. Ich hatte eine Scheißangst, Caro anzufassen und ihr noch mehr weh zu tun. Ich konnte ihr auch nicht richtig in die Augen sehen und ich wollte auch nicht ihren Arm anschauen. Ich musste das nur schnell hinter mich bringen. Schlimm war auch, dann noch da vorn gegen die Dorfbewohner zu sichern. Das war absolut krass. Die wollten irgendwas von uns und wir haben sie einfach weggescheucht. Daran muss ich noch oft denken. Was dagegen ein richtig geiles Gefühl war, als ich die Black Hawks gehört habe. Wie so ein Krankenwagen auf dem Dorf und Du weißt, ist gerade scheiße, aber alles wird gut." "Alles wird gut? Fuck. Du bist echt ein komischer Vogel, Kilo." "Was sagen wir dann der Psychotante?" "Ich nehm auf jeden Fall Deine Kackidee, die ist einfach grandios."

Die Klinik

"Ich sehe neun Personen", funkt er an den Boden.
"Das ist der Feind", erwidert der Kommandeur.

AC-130 Airborne Sensor Operator[11]

Anaram ist ein neunjähriges, afghanisches Mädchen. Sie sitzt zusammen mit ihrer Mutter Amira am Krankenbett ihres Vaters Navid. Anaram trägt ein buntes Kleid und einen gelbgrünen Schal, der eine große Narbe an ihrem Hals verbirgt. Sie ist stark unterernährt, so wie viele Kinder hier. Als kleines Mädchen war sie von einer Granate der Taliban in ihrem Dorf versehentlich verletzt worden. Ihre Eltern hatten ihr immer wieder erzählt, wie sie damals von deutschen Soldaten gerettet wurde und dass es ein sehr grausiger, aber auch sehr schöner Tag gewesen war, weil sie trotz der schweren Verletzung überlebt hatte. Ohne die sofortige medizinische Versorgung der Soldaten wäre sie elendig verblutet, wie ihre Schwester damals im Minenfeld. Aber Anaram überlebte wie durch ein Wunder. Ihre Eltern hatten sich dann mit ihr, nachdem sie etwas genesen war, auf den Weg nach Pakistan gemacht, um dort in Frieden zu leben, zu Kräften zu kommen und Anaram auf eine Schule schicken zu können. Anarams Mutter Amira hatte das durchgesetzt und Navid war zu willensschwach, um dagegen zu sein.

Amira ging es in Pakistan gut, denn sie konnte da ein wenig freier leben. Sie fing an zu nähen, fertigte Hosen und Taschen, die sie selbst verkaufte. Schließlich konnte Amira ihre Familie allein ernähren, denn Navid tat sich schwer mit Arbeit in Pakistan. Er war Zeit seines Lebens nur Bauer gewesen und hatte in den letzten Jahren immer wieder für die Taliban gekämpft. In Pakistan hatten sie kein eigenes Land und in der Stadt Arbeit zu finden, gelang ihm nicht. Navid war daher sehr unzufrieden mit seiner Situation und fühlte sich vom kleinen Erfolg seiner Frau gedemütigt. Beim Teetrinken mit Bekannten und in der Moschee wurde er in diesem Gefühl bestärkt und schließlich erschien es ihm besser, in seine Heimat zurückzukehren, wo sie hingehörten. So entschied er, dass sie wieder nach Afghanistan gingen, was Amira und Anaram gar nicht gefiel. Amira wusste genau, was sie in Afghanistan erwartete und Anaram gefiel es in der pakistanischen Schule sehr. Hier lernte sie Lesen, Schreiben, Rechnen und sogar etwas Englisch. Doch es half alles nichts. Navid hatte entschieden und so mussten sie gehen. Widerstand war zwecklos, denn Navid war der Mann im Haus.

In ihrem alten Dorf, in einem weiten Tal im Norden Afghanistans, wurden sie nicht freundlich aufgenommen. Die Nachbarn hatten nicht vergessen, dass sie geflohen waren und fühlten sich verraten. Zumindest sagten sie das. Sie hatten das Land von Navid inzwischen unter sich aufgeteilt und wollten es nicht wieder hergeben. Geld, sein Land zurückzukaufen, hatte Navid nicht. Notgedrungen wohnten sie einige Wochen bei Verwandten im Nachbardorf, aber auch die konnten sie nicht ewig aushalten. Amira und Navid gerieten immer wieder in Streit, weil Amira gern wieder nach Pakistan oder wenigstens nach Kunduz gegangen wäre. Sie hatte noch ihre Nähmaschine und Stoffe und hätte in Kundus wieder arbeiten können. Aber Navid sah die Freude und Zuversicht in ihren Augen und ertrug dies in seinem eigenen Scheitern nicht. Es blieb Navid ein Dorn im Auge, dass Amira ihn mit ihren Ideen immer wieder demütigte. Er musste für seine Familie sorgen, nicht sie. So kam es, dass Navid über den Dorfältesten seine alten Kontakte zu den Taliban wieder aufnahm. Als Amira davon erfuhr, war sie empört und sehr wütend. Sie schrie ihn an, während die kleine Anaram verängstigt in der Ecke hockte. Aus Amira brach nun all die Wut und Frustration heraus, die sich über die Jahre angestaut hatte. "Was bildest Du Dir ein, Navid? Du bringst uns ständig in Gefahr! Du bist ein schlechter Ehemann! Du kannst nichts und Du weißt nichts! Du hast keine Ahnung von gar nichts und wir müssen das ausbaden! Uns ging es so gut in Pakistan und wir hätten da bleiben sollen! Aber nein, der Herr Navid fühlt sich herabgesetzt, weil er keine Arbeit fand. Navid! Ich hatte da für uns ein gutes Auskommen und Du, Du hast das kaputt gemacht." Navid straffte sich und schrie Amira an: "Nieder mit Dir, so redest Du nicht mit Deinem Mann!" Aber Amira ließ sich nicht einschüchtern. "Du willst mich niederhalten? Du? Du Nichtsnutz? Du hast kein Land, Du hast keine Arbeit und das Einzige, was Dir dazu einfällt, ist wieder in den Krieg zu ziehen? Du musst uns versorgen und tust das nicht!" Navid ballte nun die Fäuste und holte tief Luft. “Du redest so nicht mit Deinem Mann! Hör auf, ich befehle es Dir!!” “Davon werden wir nicht satt, Navid! Geh arbeiten, sorge für uns oder erlaube mir, dass ich für uns sorge!”, schrie sie ihn an. “Nein! Ich habe doch eine Lösung!” “Du meinst diese dumme Idee, wieder zu kämpfen? Als Du das letzte Mal gekämpft hast, ist Anaram dabei fast gestorben! Und wer hat sie gerettet? Die Soldaten, die ihr bekämpft! Die Ungläubigen haben mein Kind gerettet!” Das schrie sie ihm nun mit Tränen der Wut entgegen und Navid zerging innerlich vor Scham. Aber das konnte er natürlich nicht zugeben. “Nieder mit Dir, hör auf!”, schrie er sie nochmals an. “Nein, nein und nochmals nein! Nein, nein Navid!!!” Amira steigerte sich immer mehr in ihre Wut und bemerkte nicht, dass Anaram derweil in ihrer Ecke angefangen hatte, still vor sich hin zu weinen. Amira schrie weiter: “Was soll ich denn noch alles aushalten? Ein Kind verhungert mir nach der Geburt, eins holen sich die Minen, Anaram wird schwer verletzt und stirbt fast und eins stirbt noch in mir! Navid, was soll ich noch alles aushalten?!” Navid brüllte sie nun genauso wütend an: “Hör auf damit!! Du hast kein Recht, so mit mir zu streiten! Ich entscheide hier und nicht Du! Meinst Du, mir ist das egal? Ist es nicht! Aber Du entscheidest hier nicht!” “Du bist ein Nichts, Navid!!! Ein Nichts! Ein dummes Nichts!” Das waren die letzten Worte, die Amira für lange Zeit sprechen konnte, denn Navid schlug sie nun mit seinen Fäusten immer wieder ins Gesicht. Er renkte ihr dabei den Unterkiefer aus, wobei eines der Kiefergelenke brach und schlug weiter. Ihre Lippen platzen, die Nase brach und mit dem letzten

Schlag gaben ihre oberen Schneidezähne nach. Amira kippte bewusstlos um und schlug direkt vor Anaram hart mit blutigem Gesicht auf. Navid schaute schwer atmend zu den beiden herab und verließ dann, immer noch wütend, den Raum. Noch am selben Abend machte sich Navid zu den Taliban auf, ohne nochmal nach Amira zu sehen. Ihre Verwandten kümmerten sich um sie, so gut es ging. Jetzt sitzen Amira und Anaram also am Krankenbett von Navid, denn er war als Taliban von amerikanischen Soldaten angeschossen worden. Sie hatten ihn an der rechten Schulter und der rechten Hüfte mit MG-Feuer getroffen. Schulter und Hüfte wurden bei der Verwundung zerfetzt und Navid hatte viel Blut verloren. Er wurde als einer der schwerverwundeten Traumapatienten in eine Klinik nach Kunduz gebracht. Diese Klinik wurde von einer internationalen Hilfsorganisation betrieben, war die einzige derartige Klinik im Norden Afghanistans und behandelte alle Menschen, die ihrer dringenden Hilfe bedurften und kein Militärhospital zur Verfügung hatten. Auch Taliban wurden als Menschen behandelt, aber ihre Waffen mussten draußen bleiben.

Zwei Männer tauchten eines Abends mit einem Pickup im Dorf auf und suchten nach Amira. Sie zwangen sie, mit in das umkämpfte Kunduz zu kommen, um sich um ihren Mann zu kümmern. Und Amira musste, selbst noch nicht genesen, zusammen mit Anaram in das Auto steigen. Die ruckelige Fahrt dauerte fast zwei Stunden, vorbei an mehreren Checkpoints und in den ersten Minuten des 3. Oktober 2015 erreichen sie die Klinik von "Ärzte ohne Grenzen" in Kunduz.

Es gibt kein freudiges Wiedersehen, denn Amira hat Navids gewaltvollen Abschied nicht vergessen und er selbst ist bewusstlos. Nur Anaram nimmt seine gesunde Hand und wird sie in den kommenden Stunden auch nicht mehr loslassen. Navids Verletzungen sind grauenhaft und es ist klar, dass er, falls er die nächsten Tage überlebt, künftig immer auf Hilfe angewiesen sein wird. Krankenschwester Sara kommt ab und an vorbei, um nach Navid, Anaram und Amira zu sehen. Für Anaram hat Sara eine kleine Stoffmaus dabei. Sara kann sich auf Englisch mit ihr unterhalten, was Amira sehr stolz beobachtet. "Hallo, wie heißt Du?" "Anaram" "Oh, das ist ein schöner Name. Ich heiße Sara." "Hallo Sara." "Hallo Anaram." "Wird mein Papa wieder gesund?" "Das wissen wir noch nicht, Anaram." Sara setzt sich neben Anaram auf den harten Fußboden.

Das Mädchen schaut interessiert an Saras Beinen entlang zu ihren Schuhen. Es sind Pantoffeln aus rotem Kunststoff. Sie scheinen weich und bequem zu sein und haben vorn über den Zehen Löcher. In einem der Löcher ist ein gelbes, rundes, lächelndes Gesicht zu sehen. In diesem Augenblick ertönt ein lauter werdendes Pfeifgeräusch, gefolgt von einem ohrenbetäubenden Rums. Vibrationen und Staub breiten sich im ganzen Haus aus. Sara hat sich instinktiv über Anaram geworfen und Anaram hat die Hand ihres Vaters nicht losgelassen, während der nächste und nächste und nächste Pfeifton und Rums folgt. Die Einschläge kommen immer näher. Sie kriechen instinktiv enger aneinander und immer dichter an Navids Bett heran. Putz fällt auf sie herab und nun fängt Anaram an zu schreien und zu weinen. Sara hält sie fest in ihren Armen und als unter Navids Bett Amira zu ihnen gerobbt kommt, nimmt Sara auch sie noch in ihre Arme. Mit dem nächsten Einschlag stürzen Teile der Decke auf Navids Bett und begraben die letzten Hoffnungen auf sein Überleben. Die drei kriechen nun eng aneinander geklammert unter Navids Totenbett und Anaram hält noch immer seine Hand fest. Mit dem nächsten Granateneinschlag schießen heiße Flammen in den Raum und sie erfüllt nackte Panik. Es riecht nun nach heißer Asche und verbranntem Fleisch. Vom Gang her hören sie laute und herumirrende Schreie und fangen auch an zu schreien, aber es kommt niemand zu Hilfe.

Das Bombardement dauert eine knappe halbe Stunde und am Morgen danach liegen die Toten der Nacht in ehemals weiße Laken gewickelt im Innenhof. Anaram zählt zweimal bis zwanzig, drei davon sind noch klein. So klein wie sie. Ihre Mutter nimmt sie weinend in den Arm und so sitzen sie den halben Vormittag geschockt im Hof, bis Sara sie schließlich zur Seite in den Schatten bringt. Amira hilft später beim Aufräumen und nach einigen Tagen wird sie von Sara gefragt, ob sie bleiben wöllten. Sie könnte in der Küche helfen, da würden sie Mitarbeiter benötigen, denn irgendwie müsse es ja weitergehen. Es sei zwar noch nicht klar, was nun mit der Klinik geschehen würde, aber die Leute vor Ort müssten weiter versorgt werden. Amira strahlt sie mit ihrem noch geschwollenen Unterkiefer und den fehlenden Schneidezähnen dankbar an.

In einer kleinen Baracke, nahe der Klinik, finden Amira und Anaram eine kleine Ecke in einem überbelegten Zimmer. Hier wohnen sie nun mit zwei anderen Frauen und fünf Kindern. Sara hat ihnen eine angesengte Matratze, weiche Decken, zwei Schüsseln und eine Wasserflasche mitgebracht. Amira und Anaram sind selig und das junge Mädchen kuschelt sich sofort an ihre Mutter. Amira lehnt sich mit dem Rücken an die Wand, streichelt über die weichen, dunklen Haare ihrer Tochter und zieht die Decke fester um sich. Ihr Kind beginnt, kräftig, gleichmäßig und ruhig zu atmen. Amira schließt die Augen und bemerkt, dass ihr die Tränen kommen.

Sie denkt an ihre Flucht nach Pakistan, die dunklen Stunden ihrer Rückkehr nach Afghanistan und all die Auseinandersetzungen mit Navid, die schließlich in Gewalt und Tod endeten. Das Leben, eine Aneinanderreihung von Niederlagen und enttäuschten Hoffnungen. Und nun ist Navid tot, so wie sie das befürchtet hatte. Doch anders als gedacht, belastet sie das nicht, ganz im Gegenteil. Die dunkle Last der letzten Monate fällt in sich zusammen und fließt in zwei glitzernden Tränenbächen über ihr zerschlagenes Gesicht, während sich ein einzelnes Wort unaufhaltsam in ihrem Kopf Bahn bricht:

frei!

Verhandlungen

Hope is not realistic for me in my lifetime, or my daughter's lifetime.

Afghanin 'S'[12]

Amira schaut ihrer Tochter zu, wie sie zusammen mit der netten Krankenschwester Sara im Schatten ihrer Behausung sitzt und wie sie gemeinsam in einem Buch lesen. Sara versucht in ihrer wenigen Freizeit, Anaram jeden Tag etwas beizubringen. An Schule ist momentan nicht zu denken, denn in Kunduz wird gekämpft. Amira ist noch zu schwach und allein kann sie Anaram unmöglich in dieser unbekannten Stadt irgendwo hinschicken.

Amira betastet vorsichtig ihren Unterkiefer, der einige Tage vorher notdürftig im improvisierten OP-Bereich der zerstörten Klinik gerichtet wurde. Er ist mit Drähten am Oberkiefer fixiert und schmerzt trotz der Behandlung. Das Schmerzmittel, welches sie bei der OP bekommen hatte, hat schon lange nachgelassen und sie wagt nicht, nach einem weiteren Mittel zu fragen. Geld hat sie keines und sie will Sara und dem Krankenhaus nicht mehr zur Last fallen, als unbedingt nötig. Navid haben sie beerdigt und düstere Gedanken machen sich in Amiras Kopf breit. Nach dem gewaltvollen Tod ihres Mannes ereilen sie nun die Konsequenzen der letzten Geschehnisse. Ihr Gesicht ist entstellt und kein Mann mit Verstand wird sie freiwillig heiraten. Als Witwe könnte sie innerhalb ihres Dorfes weiterverheiratet oder zumindest irgendwo geduldet werden. Aber das ist gewiss keine wünschenswerte Zukunft. Sie wäre nie sicher. Amira denkt an ihren kleinen Schatz, den sie im Dorf zurücklassen mussten, ihre Nähmaschine aus Pakistan und die Stoffe, die sie mitgebracht hatte. Die Taliban erlaubten nicht, dass sie diese Habseligkeiten mitnahm, als sie sie zu Navids Pflege abholten. Sie müssten also noch da sein. Etwas Hoffnung keimt in ihr auf und sie sieht, wie Sara sich erhebt und sich von ihrer Tochter Anaram für heute verabschiedet. "Anaram, kannst Du Sara für mich was fragen?" "Ja Mama, was denn?" "In unserem Dorf sind noch die Nähmaschine und die Stoffe. Kann sie uns helfen, die zu holen?" Amira beobachtet, wie Anaram für Sara übersetzt und wie Sara darauf mit nachdenklichem Gesicht antwortet. "Was hat sie gesagt?" "Sie muss darüber nachdenken und mit ihren Kollegen sprechen. Sie weiß nicht, ob sie Zeit dafür hat. Sie haben hier sehr viele Patienten, aber sie meldet sich. Sie hilft uns bestimmt, Mama."

Es dauert einige Tage, bis Sara eine Lösung gefunden hat und eines Morgens mit einem der Dolmetscher aus dem Krankenhaus und einem alten Toyota auf den Hof gefahren kommt.

Sie entscheiden, dass Amira mit dem gebrochenen Kiefer unmöglich die anstrengende Fahrt mitmachen kann und lassen sich alles genau erklären. Schließlich begeben sich Sara und der Dolmetscher auf den beschwerlichen Weg ins staubige Hinterland.

In Navids und Amiras Dorf weiß man noch nicht, dass Navid gestorben ist und Sara erkundigt sich mit ihrem Dolmetscher nach dem Dorfvorsteher. Ein Junge bringt sie zu einem Hof, in dem einige ältere Männer zusammen im Schatten und beim Tee sitzen. Der Dolmetscher beginnt mit ihnen zu reden und das Gespräch konzentriert sich schnell auf einen alten Afghanen, das muss der Dorfvorsteher sein. Sara hört, wie immer wieder die Namen von Navid, Amira und Anaram fallen und wie die Miene der Männer zwischen Verwunderung, Abscheu und Unsicherheit wechselt. Besonders freundlich wirken sie nicht. "Was ist los?", fragt sie zwischendurch ihren Dolmetscher, der das Gespräch komplett an sich gerissen hat. "Sie sagen, dass Navid hier nicht mehr willkommen ist und dass sie nichts von einer Nähmaschine wissen." "Aber das kann nicht sein! Es ist eindeutig dieses Dorf und sie kennen sie doch auch. Warum sollen sie hier nicht willkommen sein?" "Es ist kompliziert. Navid hat offenbar für die Taliban gekämpft und war vorher nach Pakistan geflüchtet. Inzwischen hat sich hier viel geändert und sie wollen ihn hier nicht mehr." "Das ist doch eine Frechheit! Das ist ihr Dorf und Amira hat mir auch erzählt, dass sie ihnen schon das Land weggenommen haben. Sag ihnen das!" "Ich kann versuchen, mit ihnen zu reden, aber so einfach ist das nicht. Kannst Du

Dich bitte da drüben hinter das Haus setzen?” “Ich soll was?” “Sie werden nicht mit Dir reden. Du bist eine Frau und eine Ausländerin noch dazu. Und sie werden auch nicht mit mir reden, wenn sie das Gefühl haben, dass ich nur Dein Dolmetscher bin.” “Ich … nein! Was fällt Dir ein!” “Es geht nicht anders, glaube mir. Wie viel Geld hast Du dabei?” Sara wird nun langsam wütend und sie zischt ihren Dolmetscher an: “Die Nähmaschine gehört denen nicht! Sie sollen sie rausgeben! Sonst …” “Sonst was? Es ist ein Geschäft, Sara. Sie haben eine Nähmaschine und Du hast Geld. Sie geben sie Dir, wenn sie das wollen. So einfach ist das. Wieviel hast Du dabei?” “Ungefähr vierzig Dollar, aber … “ “Gut, das wird reichen. Geh jetzt bitte.”

Sara war in ihrem Leben noch nie so gedemütigt worden, wie eben von diesen Männern und ja, auch von diesem Dolmetscher. Eine unglaubliche Frechheit und in ihrem Inneren tobt die Wut, als sie sich um die Hausecke herumbegibt und da ein schattiges Fleckchen sucht. Sie lehnt sich an die Lehmmauer und schließt die Augen. Als sie sie wieder öffnet, sieht sie vier Kinder, die sie aus einiger Entfernung beobachten. Sie mögen drei bis fünf Jahre alt sein, wobei Sara aus ihrer Tätigkeit im Krankenhaus weiß, dass man in Afghanistan das Alter von Kindern nicht schätzen sollte.

Hunger und Unterernährung pulverisieren hier jegliche normale Entwicklung. Die Kinder haben wache, dunkle und neugierige Augen, aber sie trauen sich nicht, zu Sara zu kommen, zumindest jetzt noch nicht. Wenige Sekunden später, nachdem sie Saras Lächeln gesehen haben, sieht das schon anders aus und sie bedrängen Sara nun in der Hoffnung auf eine Kleinigkeit aus ihren Taschen. Sara gibt, was sie entbehren kann und die Freude ist groß über eine bunte Packung Papiertaschentücher, einen Müsliriegel und ihre kleine Wasserflasche. Reichtümer, von denen sie nicht wusste, dass sie es sind.

Der Dolmetscher kommt um die Hausecke und macht ein besorgtes Gesicht. "Was ist los?" "Es gibt ein Problem. Sie sind einverstanden mit vierzig Dollar für die Nähmaschine, aber …" "Aber was? Lass mich raten. Leider, leider ist das mit den Stoffen schwierig, die sind nicht da oder zumindest nicht mehr alle, stimmts?" "Ja, genau das.", grinst sie ihr Dolmetscher an. "Wieviel?", antwortet Sara genervt. "Wieviel hast Du denn noch dabei?" Sara stutzt einen Moment. "Das werde ich Dir nicht sagen. Sag ihnen fünfundvierzig für alles und zwar jetzt, oder ich kaufe ihr in der Stadt selbst eine neue Nähmaschine, egal wieviel sie kostet. Hast Du das verstanden?" "Ja, ich denke, das hört sich gut an." Nach einigen Minuten winkt sie der Dolmetscher von der Hausecke aus zu sich und scheint zufrieden. "Wir können fahren." "Wo ist die Nähmaschine?" "Die ist schon im Auto, komm jetzt. Ach und das soll ich Dir für Amira mitgeben." Dabei hält er ihr ein kleines Päckchen, halb so groß wie eine Streichholzschachtel, hin. “Was ist das?”, fragt Sara verwundert. “Das ist ein Geschenk für Amira.” Sara schaut ihn verwundert an. “Ein Geschenk für Amira? Sie lügen uns an, demütigen mich, wollen Amiras Hab und Gut unterschlagen und schenken ihr jetzt was? Sind die alle verrückt? Seid ihr bescheuert? Was ist das?” “Das ist Opium, für ihren Unterkiefer. Navid hat sie hier zusammengeschlagen und sie hat bestimmt Schmerzen.” “Opium? Nein, das werde ich nicht anrühren! Gib es ihnen zurück. Nein, ich will das nicht.” “Du kannst ein Geschenk nicht zurückgeben.” “Ich will das nicht! Und ich will auch nicht, dass Amira das bekommt!”, zischt Sara jetzt aufgebracht, während sie sich über sich selbst ärgert, dass sie nicht an weitere Schmerzmittel für Amira gedacht hatte. Klar, wie soll sie sich die leisten können? “Können wir jetzt bitte einfach fahren?”, gibt Sara resigniert auf. “Und lass mich mit diesen Drogen zufrieden. Schmeiß sie weg oder was auch immer; ich rühre sie nicht an!”

Der Tag neigt sich bereits dem Ende zu, als Sara und ihr Dolmetscher erschöpft, hungrig und durstig Kunduz erreichen. Sara hat sich ihren freien Tag anders vorgestellt und der Begriff Notlüge hat für sie heute eine völlig neue Bedeutung bekommen, aber zumindest sind Amira und Anaram überglücklich. Mit der geliebten Nähmaschine und den Stoffen kann Amira endlich wieder für sich und Anaram sorgen. Tränen der Dankbarkeit fließen Amira über das Gesicht. Sara umarmt sie vorsichtig und mit gemischten Gefühlen. Fünfundvierzig Dollar sind hier eine Menge Geld und wer weiß, welche Not genau dieses schäbig herausgehandelte Geld in Amiras Dorf gerade lindert. Was aber bleibt, sind die offenen Demütigungen der Männer.

Der Dolmetscher sitzt im Toyota und winkt beim Abschied Anaram zu sich. “Hier, das ist für Deine Mutter.” Er gibt Anaram das Päckchen Opium und drückt das Gaspedal durch, bevor Sara etwas mitbekommt.

Fallschirm

Unsterblichkeit. Ein Fetzen Himmel in der Hölle.
Und ich genoß es, bis sie mich wieder rausjagten.

Charles Bukowski[13]

Sven "Bulgare" Kovac hat sich mit seinem Fallschirmjägerzug in einem lichten Kiefernforst eingegraben. Es ist bitterkalt und noch dunkel; Februar in Bayern und sie nehmen an einem NATO-Manöver mit Alliierten aus verschiedenen Ländern teil. Naturgemäß stellen die Amerikaner mit ihrer Army die Schlüsselfähigkeiten zur Verfügung. Aber die deutschen Fernspäher und Fallschirmjäger, mit denen Kovac nun unterwegs ist, müssen sich nicht verstecken. Kovac ist gern im Manöver. Er mag es, draußen zu sein, im Dreck zu arbeiten, einen klaren Auftrag zu haben, aber auch zu wissen, dass dies nur eine Übung ist und er das Enddatum kennt. Es ist auch immer eine gute Gelegenheit, neue Freundschaften zu schließen und mit Kameraden über Vergangenes zu sprechen, wenn mal Zeit ist. Jetzt gerade nicht, denn der Tag beginnt erst und Kovac spürt noch im Magen seinem Frühstück nach. Etwas zu viel Reis in den letzten Tagen, ansonsten gut. Heute Abend will er sich mit Robert treffen, Robert Voigt, den hier alle nur Moses nennen.

Den Namen hatte er bekommen, weil er im Einsatz immer eine kleine Bibel bei sich trug und sogar ab und an darin las. Verrückter Vogel, immer irgendwo in der Welt unterwegs, aber herzensgut und ständig mit allen in Verbindung. Moses wusste jederzeit, wer gerade wo und mit wem im Einsatz war, hing am Abend immer am Handy, um hier und da zu helfen oder Tränen des Heimwehs zu trocknen. Ein feiner Kerl und ein guter Kamerad, Sani durch und durch. Moses hatte einen schweren Schicksalsschlag wegstecken müssen, als seine Freundin Jenny in Afghanistan getötet wurde. Das war für alle und speziell für ihn sehr hart gewesen. Trotz der verschiedenen Einsätze in den letzten Jahren standen Kovac und Moses aber immer noch in Kontakt, denn sie verband die gemeinsame Erinnerung an ein Erlebnis in Afghanistan. Ein kleines Kind war verletzt worden und Moses hatte sein Leben gerettet. Zumindest nehmen sie das an, denn sie haben das Kind nie wieder gesehen und geblieben war nur die Erinnerung an die Konfrontation mit Einheimischen und Taliban, die quasi auf Armlänge vor ihnen standen, alle Gewehr im Anschlag. Weder Kovac noch Moses waren jemals an ihren Feinden so nah dran gewesen, und das war eine Situation, die auch ihr Ende hätte sein können. Aber es war gut ausgegangen, auch wenn sie nicht wussten, was aus dem Mädchen wurde, nachdem die Eltern das Kind an sich nahmen und alle sich zurückzogen.

Kovacs Tag im Manöver verläuft professionell und routiniert. Er ist ein alter Fuchs auf seinem Gebiet und hier geht es vor allem darum, den Jüngeren im Zug die Gelegenheit zum Lernen zu geben. Nur die Kälte nervt, wenigstens regnet es nicht und die befürchtete Schlammschlacht gibt es dieses Jahr nicht. Alles passt und nach dem Abendessen geht Kovac rüber zum Zelt der Sanis. “Moses, alter Mann, lass Dich umarmen.”, stürmt er auf Robert zu. “Schön, dass Du da bist. Wie geht es Dir?” “Schlechten Menschen geht es immer gut und Fallschirmjägern sowieso.” “Das ist schön, komm lass uns ein Bier holen. Seit wann bist Du wieder daheim?” “Halbes Jahr”, antwortet Kovac. “Und Du?” Robert antwortet: “Immer irgendwo. Vor vier Wochen kam ich aus meinem zweiten MINUSMA-Einsatz zurück und nach der Arschkälte hier solls in den Irak gehen. Bin gespannt.” “Du Glücklicher”, antwortet Kovac etwas versonnen. “Wieso, was ist los?” “Nix, nur so.” “Kovac, was ist los?” “Weiß nicht, mir geht das alles gerade ziemlich auf den Zeiger.” “Definiere ‘alles’”, entgegnet Moses mit seiner zärtlichsten Psychologenstimme und Kovac weiß, dass er sich in dieser Mischung aus kameradschaftlicher Anteilnahme und leichter Frotzelei heute Abend sehr wohlfühlen wird. “Meine Alte nervt, die Kinder nerven, der Job nervt … such Dir was aus.” “Hä? Jana ist doch voll das Goldstück und Dir müsste es doch hier im Dreck bestens gehen.” “Geht es auch, ich meine so eher alles.”

“Ok, der Falli ist mit der Gesamtsituation unzufrieden, sehr interessant.” “Ja Moses, Gesamtsituation trifft‘s genau.” “Und das ist mit Monster auch nicht zu beheben?” “Offenbar nicht und habe auch schon ausführlich Bier, Korn, Jägermeister und Pfeffi getestet.” “Oha. Und nu?” “Eh Alter, Du machst Dich über mich lustig.” “Nein, niemals. Los, hau raus. Wo klemmt der Fallschirm?” “Na alles halt. Wie wenn der Fallschirm falsch gepackt am Arsch pappt und Du schon gesprungen bist.” “Fuck, das ist hart.” “Naja, hart ist das Stichwort.” Moses schaut Kovac jetzt prüfend an. “Hart?” “Hart.” “Hart im Sinne von Fallschirmjägerhärte oder Goldstückhärte?” “Goldstückhärte. Und ich kapier es nicht, ich finde Jana echt geil, nach wie vor. Aber irgendwie ist der Ofen aus zwischen uns. Keine Ahnung, ob das an ihr oder mir, den Kindern oder an sonst was liegt. Seit meiner Heimkehr lief fast nix mehr zwischen uns. Nur so kleine Zärtlichkeiten. Aber irgendwie komme ich nicht damit klar, wenn sie mehr will. Irgendwie fühl ich es nicht mehr. Ich fühle überhaupt nichts mehr. Meistens haben wir nur noch Streit.” “Hast Du schon mal mit dem Truppenarzt oder Hausarzt gesprochen?” “Wieso? Ich bin doch nicht krank. Oder meinst Du, ich hab was?” “Keine Ahnung, genau für sowas gibt‘s ja Ärzte.” “Ich dachte, Du könntest …”, antwortet Kovac etwas unsicher. “Kovac, wir können hier gern in Ruhe weiterreden, aber wenn es Dir nicht gutgeht, musst Du Dir richtige Hilfe suchen. Ich kann da gern mit Dir einige Punkte zusammen abklopfen, aber ich kann das nicht für Dich lösen. Hast Du denn noch andere Dinge beobachtet, die anders sind als früher?” “Ich schlafe schlechter ein, trinke mehr, wir streiten oft." "Gehst Du noch zu Deinem komischen Dorfchor?" "Nein, hab ich auch keinen Bock mehr drauf. Irgendwie ist das wie ein großes, dunkles Ding in mir. Ich kann es nicht besser beschreiben." "Weißt Du noch, wann das losging? Wann hast Du das erste Mal dieses dunkle Ding gespürt?" "Bei der Einsatznachbereitung haben wir so Psychozeug gemacht und als ich mich mit Papa Kilo unterhalten sollte, da habe ich in mir wie so eine große, dunkle Wand gespürt.", sagt Kovac unsicher. "Große, dunkle Wände sind kein gutes Gelände für einen Fallschirmjäger." "Ne, irgendwie nicht." "Thema Truppenarzt?" "Hab ich auch schon drüber nachgedacht, aber ich hab Angst, dass sie mich dann nicht weiter in Einsätze lassen und das ist ja das, weshalb ich Soldat geworden bin." "Und Deine Familie?" "Keine Ahnung.", murmelt Kovac und schaut auf sein leeres Bier. Ihn fröstelt jetzt, aber wenigstens ist es raus und er ist erleichtert, dass Moses ihm zugehört hat. "Was machen wir jetzt mit unserem traurigen Falli?", versucht Moses, ihn wieder aufzumuntern. "Irgendwo ein intaktes Flugzeug, aus dem wir Dich werfen könnten?" "Morgen wieder." "Gut so. Kovac, Du schaffst das. Wenn Du das angehst, schaffst Du das. Ich helfe Dir gern. Anrufe, Briefe schreiben, Dinge tun, dies das, alles kein Hexenwerk. Aber Du musst es wollen, sonst geht's nicht!" "Ich weiß, danke Alter."

Moses und Kovac schauen versonnen in die dunkle Winternacht und ihrem Atemnebel nach. "Wie gehts Dir eigentlich, Moses?" "Geht so. Dinge tun, dies das …" "Wenn Du mal …" "Ich weiß Kovac, ich weiß." "Nein ehrlich, Moses. Ich hab immer ein offenes Ohr für Dich. Ich bin vielleicht nicht das hellste Lämpchen im Kampfraum, aber ich merke, wenn's meinen Leuten nicht gutgeht und wenn ich Dich so ansehe, geht's Dir mindestens so Kacke wie mir." "War einfach ein langer Tag, lass gut sein Kovac. Ich schaff das schon." "Aber mir Psychovorträge halten. Alter, Du bist so ein sturer Sack. Wir vermissen Jenny alle und für Dich muss das super schlimm sein. Mann, das tut mir voll leid. Ihr wart damals gerade frisch zusammen und dann so ne Scheiße." "Kovac, lass gut sein. Ich mag jetzt nicht, verstanden?" "Ich hätt halt gern …" "Kovac, heute nicht."

Opium

One reason for addiction to opium is the unemployment and poverty. Also, there is often not any hospital to treat woman. Woman might hurt from the pain. So, opium helps. Even if we know is not good.

Afghanin 'S' [12]

"Sara, Du involvierst Dich da zu sehr. Wir wollen alle helfen, aber wir können nicht allen helfen." "Ich weiß, aber irgendwie kann ich nicht anders." Sara sitzt am Abend mit ihrem Kollegen Claas aus der Klinik von Ärzte ohne Grenzen zusammen. Sara hat eben von ihren Erlebnissen rund um Amiras Nähmaschine erzählt. Beide haben kleine Wasserflaschen in der Hand und schauen auf die kürzlich bombardierten Klinikgebäude.[14,15]

Der gröbste Schutt ist beiseite geräumt. Die Spuren des Brandes und der Bomben bleiben aber unübersehbar. In einem weniger zerstörten Gebäudeteil wurde eine kleine Notfallambulanz eingerichtet, die den ohnehin nicht zu deckenden Bedarf an medizinischer Grundversorgung nur symbolisch darstellen kann. Zu viele kranke Menschen für zu wenige Mediziner. In der Ambulanz arbeiten sie Tag und Nacht und hoffen, dass es bald auch eine Lösung für die zerstörten Krankenstationen gibt.

Claas schaut zu Sara. “Und sonst so?” “Geht so.” “Was sagt Deine Familie?” “Die machen sich Sorgen.” “Hm, damit haben sie nicht Unrecht.” “Über vierzig Tote. Vierzig! In einem K-r-a-n-k-e-n-h-a-u-s! 250 Verletzte! Sind die alle verrückt geworden?” “Ja, es ist Krieg. Da werden alle verrückt.” “Hast Du schon mehr gehört?” “Das ist alles etwas unklar. Weißt ja, dass die Amerikaner da nicht groß drüber reden werden. Scheint aber ein von der ANA selbst angeforderter Luftschlag gewesen zu sein, die hier Taliban vermutet haben. Oder die haben uns verwechselt, oder amerikanische Special Forces oder irgendein Geheimdienst hat Mist gebaut oder alle zusammen. Keine Ahnung. Die Amerikaner haben jedenfalls eine AC-130 geschickt und ich kann froh sein, dass ich gerade keinen Dienst hatte. Ich hätte bestimmt nicht so ein Glück gehabt wie Du.” “Wirst Du weitermachen?” “Weiß nicht, Du?” “Keine Ahnung.” “Fliegst Du zur Trauerfeier heim?” “Lass uns von was anderem reden, Claas.” “Zu spät, da kommt Dein kleiner Sonnenschein. Hallo Anaram.” “Hallo!”, ruft Anaram, die auf die beiden zuläuft und ganz aufgeregt ist. “Mama ist irgendwie komisch. Sara, kannst Du schnell kommen?” “Klar, komm an meine Hand.” Anaram zieht Sara ganz aufgeregt mit sich und Sara schaut noch kurz zu Claas, “Bis dann.” “Bis dann.”

Sara und Anaram betreten die stickige Unterkunft, in der Amira mit Anaram, zwei weiteren Frauen und deren Kindern unweit der zerstörten Klinik wohnt.

Es riecht nach Schimmel, Rauch und undefinierbar muffig nach Mensch. Amira liegt schlafend auf ihrer Matratze und Sara schaut Anaram fragend an. "Mama schläft schon ganz lange so und ich kann sie nicht aufwecken." Sara geht zu Amira und kniet sich auf die Matratze. Sie prüft ihren Puls und die Atmung, versucht sie aufzuwecken. Amira kommt nur schwer zu sich und stammelt leere Worte. "Ist sie krank?" "Ich weiß es nicht, Anaram. Fieber hat sie nicht, aber irgendwas ist nicht in Ordnung mit ihr. Habt ihr heute schon gegessen und getrunken?" "Fladenbrot und Tee" "Hat sie irgendwas gesagt, hatte sie Schmerzen?" "Ihr Mund tut ihr weh." "Aber ich habe ihr doch gesagt, dass sie sich immer bei mir melden kann, wenn sie Schmerzmittel braucht." "Sie traut sich nicht." Eine der Frauen sagt etwas zu Anaram, aber sie scheint nicht zu verstehen, was sie meint. "Was hat sie gesagt, Anaram?" "Sie sagt, dass Mama Opium nimmt, gegen die Schmerzen."[16] "Opium? Wo kommt das denn her? Ich will nicht, dass ihr das nehmt! Das macht alles noch schlimmer. Amira, wach auf verdammt nochmal. Amira!" Anaram fängt an zu weinen und schluchzend fragt sie: "Muss meine Mama sterben?" "Nein, die Mama muss nicht sterben, aber sie muss aufhören, dieses Zeug zu nehmen. Wo kommt das überhaupt her und wo ist es?" Sara fängt nun an, in Amiras wenigen Habseligkeiten zu kramen und schließlich findet sie zwischen den Stoffballen ein kleines Päckchen, das ihr bekannt vorkommt. "Dieses Arschloch. Dieses verdammte Arschloch!"

“Warum bist Du wütend, Sara? Das Päckchen hat mir doch Dein Freund gegeben und ich habe es der Mama gegeben. Wie er gesagt hat.” Sara steht ratlos und zunächst sprachlos vor Anaram. “Gut, wir setzen uns jetzt zur Mama und passen auf sie auf, ja?” Anaram strahlt Sara an. Die beiden kriechen mit auf die Matratze und setzen sich neben die sedierte Mutter. Anaram kuschelt sich zwischen beide und fühlt sich wohl. Zwar hat sie das unbestimmte Gefühl, dass Sara nicht zufrieden ist, aber das ist im Augenblick nicht wichtig. Sara schließt die Augen und lehnt den Kopf nach hinten an die Wand. In was für eine kaputte Welt war sie hier nur geraten? Dieses Land ist komplett aus den Fugen. Jeder macht, was er will und die übelste Handlung ist gerade gut genug, um sein Überleben zu sichern. Bomben auf Krankenhäuser, Nachbarn, die sich gegenseitig ihr Land stehlen, Leute, die Kindern Drogen für ihre Mütter in die Hand drücken. Überall nur Armut und Elend. Das kann doch niemand aushalten. Eine Welt zum verrückt werden, und sie würde einen neuen Dolmetscher brauchen. Sara hängt ihren Gedanken nach, während Anaram eingeschlafen ist. Die vergangenen Wochen haben Sara gezeigt, dass sie nicht länger hierbleiben kann. Afghanistan ist ein wunderbares Land, aber hier in Kunduz ist das Chaos gerade zu groß. Zumal nicht klar ist, wie lange die NATO-Militärpräsenz die Taliban hier in Schach halten kann. Jeder Tag zieht an ihrer Seele und die Hilfe, die Sara leisten kann, fühlt sich trotz der täglich vielen Arbeit so klein und aussichtslos an.

Was ist, wenn die Taliban hier aufkreuzen und sie als Geiseln nehmen? Was wird aus Anaram? Sie hat doch in diesem Umfeld keinerlei Chance, sich zu entwickeln. Claas hat recht; sie hat sich viel zu tief involviert. Sie ist nicht mehr objektiv und frei, ihre eigentliche Arbeit zu tun. Aber irgendetwas muss geschehen und Sara spürt, dass sie für sich und für die beiden in ihren Armen dringend einen Ausweg aus dieser sinnlosen Hölle finden muss.

Während Sara nachdenkt, atmen Amira und Anaram immer ruhiger, schlafen tief und fest. Sara schaut sich in dem kleinen, stickigen Raum um. Die stinkenden Matratzen, die farbenfrohen aber verschlissenen Kleider der Frauen und Kinder fallen ihr auf und schließlich bemerkt sie, dass die beiden Frauen im Raum sie fixieren. Ihre Blicke sind Sara unangenehm, denn sie realisiert, dass sie in den letzten Rest Privatsphäre dieser Frauen eingedrungen ist. Auch wenn sie selbst eine Frau ist, ist sie doch eine Fremde, die plötzlich ohne Einladung und Rückfrage hereingeplatzt und geblieben ist. Sara lächelt ein wenig und die Frauen lächeln zurück. Die Jüngere, eine rothaarige, schmale Frau, wirkt auf Sara zunehmend unruhig und scheint etwas auf dem Herzen zu haben. Sie folgt ihrem Blick, der auf das Päckchen Opium gerichtet ist. Sara schüttelt sanft den Kopf und sieht die Enttäuschung in den Augen der Frau. Die Frau wird nun etwas ungehalten und starrt weiter abwechselnd das Opium und Sara an. Sara schüttelt nochmals den Kopf und als sie ein drittes und viertes Mal energischer den Kopf schüttelt, weiß sie bereits, dass sie gegen eine Süchtige nicht weiter ankämpfen wird. Das Duell der Blicke wird durch die ältere, ausgemergelte Frau unterbrochen, die sich unvermittelt aufrappelt und wortlos zu dem Päckchen geht. Sie nimmt es, wiegt es prüfend in ihrer dünnhäutigen Hand und drückt es auf dem Rückweg zu ihrer Matratze der Süchtigen in die Hand. Sara hat nichts gesagt und wird nichts entgegnen. Was soll sie auch sagen? Drogen sind nicht gut für euch? Opium macht abhängig? Ihr könntet an einer Überdosis sterben? Eure Kinder lernen das von euch und werden auch abhängig? Luxusargumente im Angesicht von fehlender medizinischer Versorgung, allgegenwärtigem Hunger, hoher Kindersterblichkeit, Unterernährung und allgemeiner Ausweglosigkeit. So sitzt Sara in diesem stickigen Raum, mitten drin im Elend dieser drei Frauen, die in stiller Perspektivlosigkeit unglücklich sind und ins Opium fliehen.

Zhamana

Please don't write about Afghans pride & resilience anymore. We are tired, exhausted, shattered & devastated. Afghans need a break.

Nargis Nehan[17]

Zhamana hat mit allen Nachbarn zusammen ihren Mann Hamid am Vormittag begraben. Es waren grauenvolle Tage gewesen und sie ist am Boden zerstört. Die Frauen aus der Nachbarschaft sind zu ihr gekommen und haben ihre häuslichen Arbeiten übernommen, sodass sie mit ihrem kleinen Sohn trauern kann und aufgefangen ist. Sie soll nicht allein sein in dieser furchtbaren Zeit und Zhamana ist ihnen sehr dankbar dafür. Sie sitzt im Haus, hat ihren Sohn auf dem Schoß und schaut den anderen zu, wie sie alles in Ordnung bringen, kochen und geschäftig tun. Die Frau von Arbaz, Sahraa, kommt mit einem Becher heißem Tee zu ihr und setzt sich neben sie. Unausgesprochen stehen nun, neben der Trauer über Hamid, einige große Fragen im Raum. Wie soll es weitergehen? Wie soll Zhamana ohne Mann überleben? Wer wird den Hof übernehmen und wer wird sich ihrer annehmen? Wie wird es ihrem Sohn ergehen?

Von draußen hören sie laute Motorgeräusche und Stimmengewirr. Plötzlich fallen zwei Schüsse und dann wird es still. Das Tor zum Hof wird gewaltvoll aufgestoßen und eine Handvoll bärtiger Männer betritt den trauernden Hof. Ihr Anführer ist ein brutaler Mann, ungepflegt, feist und laut. Er herrscht die Nachbarn an, den Hof zu verlassen und als sie nur zögerlich aufstehen, beginnt er, eine der Frauen mit dem Kolben seiner Kalaschnikow zu malträtieren. "Los, raus hier. Alle raus!", schreit er sie an und geht ins Haus. "Wer von Euch wohnt hier?", brüllt er unvermittelt los. Zhamana schaut ängstlich auf und nickt, fast unmerklich. "Los, hoch mit dir und raus. Raus habe ich gesagt!", herrscht er daraufhin Sahraa an und zerrt sie Richtung Tür. Sie protestiert nicht und wirft nur einen letzten und verzweifelten Blick auf Zhamana. Der Feiste kommt nun auf Zhamana und ihren Sohn zu. Der Junge fängt an zu weinen, während seine Mutter vor Angst erstarrt. Der Mann packt den Kleinen am Arm und schleudert ihn in Richtung Tür, wo er weinend und schreiend vor Schmerz und Überraschung zu Boden geht. Der Junge rappelt sich auf und will wieder zu seiner Mutter laufen. Der Feiste bekommt das mit und stoppt ihn mit einem Kolbenschlag seines Sturmgewehrs gegen den Brustkorb. Der Junge geht erneut zu Boden und weint. Zhamana versucht aufzustehen, wird aber von ihrem Peiniger niedergehalten. Er schlägt ihr ins Gesicht und wendet sich nun wieder ihrem Sohn zu. Er packt ihn am Arm, reißt ihn hoch, schiebt ihn zur Tür und geht auf einen seiner Männer zu. "Hier, der ist für Dich.", grinst er ihn an und Zhamana wird ihren Sohn nie wiedersehen.

Der Feiste ist mit seinen Kämpfern eine wahre Plage für diesen Landstrich geworden. Einerseits kämpft er manchmal für die Taliban, ist aber ebenso in lokale Drogengeschäfte, Entführungen von Ausländern und Geschäftsleuten, IED-Anschläge und Gräueltaten gegen die Zivilbevölkerung verwickelt. Auf sein Konto gehen hunderte getötete ausländische Soldaten, Zivilisten, Soldaten der ANA und Opfer von Geiselnahmen. Seine Männer kontrollieren die Straße nach Kunduz, seine Männer haben das IED vor drei Tagen gelegt und seine Männer werden nun diesen Hof übernehmen, um die nächsten Tage von hier aus zu operieren. Der Mann ist ein Phantom und war bisher nicht zu fassen. Gut vernetzt und nahezu unsichtbar ist er rund um Kunduz mit seiner kleinen Armee aktiv, die aus ehemaligen Taliban, Vettern und Günstlingen besteht. Einen Namen und ein Foto konnten die Amerikaner bisher nicht auftreiben, aber er steht weit oben auf ihrer "capture or kill"-Liste. Seine Vettern nennen ihn manchmal Baran, was er brutal unterbindet, wenn er es mitbekommt.

Zhamana ist völlig gelähmt. Binnen Stunden wurde ihr Leben und alles, was darin Freude und Zuversicht versprach, pulverisiert. Sie starrt den Feisten, der sich nicht vorgestellt hat, entgeistert an und er grinst. "Los, ich habe Hunger und Durst." Zögerlich steht sie auf und als ihm das nicht schnell genug geht, tritt er sie gegen die Beine. "Los, beeil Dich." Zhamana fällt hin und rappelt sich mühsam wieder auf. Durch das Fenster kann sie sehen, dass der ganze Hof nun mit Geländewagen der Bande gefüllt ist. Ihren Sohn kann sie aber nirgendwo entdecken. Auf zweien der Fahrzeuge sind Maschinengewehre installiert. Die Männer sitzen schwatzend im Schatten der Umgrenzungsmauer. Zhamana erkennt, dass sie ihnen und ihrem Anführer schutzlos ausgeliefert ist und die Angst legt sich kalt um ihre Seele.

Die nächsten Tage sind für Zhamana ein grauenvolles und nicht enden wollendes Martyrium, in welchem sie keinen klaren Gedanken mehr fassen kann und das kein Ende nehmen will. Zhamana kann nicht ahnen, dass ihr Tod bereits nahe ist und dass die Erlösung aus dieser Hölle schnell und vollkommen sein wird. Sie kann nicht ahnen, dass die Pickups in ihrem Hof zu gut sichtbar sind und amerikanischer Satellitenaufklärung nicht entgangen sind. Sie kann nicht ahnen, dass zehn Pickups, zwei davon schwarz und die anderen weiß sowie zwei Maschinengewehre auf weißen Pickups genau in das Profil des namen- und bildlosen Gesuchten passen. Sie kann nicht ahnen, dass in einem US-amerikanischen Befehlsstand gerade darüber diskutiert wird, ob für ihren Bauernhof eher Hellfire-Raketen oder 500-Pfund-Bomben einer Drohne vom Typ MQ-9 Reaper das Mittel der Wahl sind. Sie bekommt nicht mit, dass über die Vermeidung ziviler Opfer debattiert, die Einsatzregeln ausführlich diskutiert werden und der Angriff zweimal wegen dichter Wolkendecke verschoben wird. Sie bekommt nicht mit, dass die Drohnenpiloten besonders stolz darauf sind, gerade ihn gestellt zu haben, der so viele Anschläge verübt hat, nicht zuletzt offenbar auch den IED-Anschlag auf die deutschen Alliierten vor ein paar Tagen.

Zhamana schleppt sich mit schmerzendem Unterleib zu ihrer Kochstelle in der Nähe des Fensters. Sie soll für den Feisten Tee kochen und während das Wasser anfängt zu brodeln, schaut Zhamana entkräftet und innerlich weinend in den afghanischen Himmel. Sie denkt an ihr armes aber schönes Leben, das vor knapp einer Woche abrupt endete. Sie denkt an ihren verschwundenen Sohn, über dessen Verbleib sich der Feiste grinsend ausschweigt und an ihren Mann Hamid, der in ihren Armen gestorben war. Gefühlt ist das Ewigkeiten her, aber keine Woche ist vergangen. Die Wolken sind heute Morgen verschwunden und der Himmel schimmert wunderbar dunkelblau über den afghanischen Bergen, als weit entfernt ein Knopf gedrückt wird.

Tote Liebe

"Er war allein mit seinem Körper, und da er, seltsam genug, mit seinem Körper identisch war, bedeutete dies, er war vollkommen allein."

Jonathan Franzen "Freiheit"[18]

Robert "Moses" Voigt steht am Grab von Jenny. Ihre Eltern hatten sich für eine Feuerbestattung entschieden und Jennys Urne wurde im Familiengrab der Breuers bestattet, die seit vier Generationen als Handwerker im Ort leben. Die Grabstätte ist gut gepflegt und am linken Rand steckt ein kleines Kunststoffschild, welches verkündet, dass dies der Gärtnerei Scharlach zu verdanken ist. Jennys Grabstein ist eine kleine, hellgraue Granitplatte mit abgerundeten Ecken, goldenen Buchstaben und einem kleinen Kreuz, die am Grabstein der Großeltern lehnt. Ihre Lebensdaten geben Auskunft darüber, dass dieses ein unvollendetes Leben ist. Jenny wurde keine achtundzwanzig Jahre alt. Dass sie Soldatin war und in Afghanistan von einem Scharfschützen getötet wurde, verrät der Grabstein nicht. Jennys Eltern wollten das nicht, sie wollten keine Fragen mehr beantworten und sie wollten in Ruhe trauern können. Bundeswehr und Kameraden waren nicht Teil ihrer Trauer, sondern nur schmerzende Erinnerung an ihre unendlich geliebte Tochter. Vielleicht würde das noch im Laufe der Jahre anders werden, momentan überwog aber der Wunsch nach Abgrenzung. Robert hatte dies schmerzlich gespürt, als er nach seinem Kontingentwechsel Jennys Eltern besuchen wollte. Es war eine sehr seltsame Situation gewesen, denn er kannte Jennys Eltern flüchtig aus der Zeit, als er Jenny kennengelernt hatte und sie noch kein Paar gewesen waren. Zur Trauerfeier hatte er nicht kommen können, da er noch in Afghanistan im Einsatz war und als er vier Monate später bei Jennys Eltern klingelte, nahmen sie sein Interesse als ziemlich verspätet wahr. Sie wussten nichts von seiner Liebe zu Jenny und auch nicht, dass beide in Afghanistan zueinander gefunden hatten und er vielleicht irgendwann ihr Schwiegersohn geworden wäre. Sie konnten auch nicht wissen, dass Robert direkt vom Flughafen zu ihnen gekommen war und noch nicht einmal seine eigenen Eltern besucht hatte. So blieb ein großes Unverständnis und Robert hatte keine Kraft gehabt, dem zu begegnen. Eine große Einsamkeit blieb in Robert zurück, denn seine Liebe zu Jenny wurde von ihren Eltern nicht erwidert.

An Jennys Grabstein lehnen vier kleine Coins und Robert freut sich, dass wenigstens dieser Trauerbeweis von den Eltern nicht entfernt wurde. Er schaut genauer hin. Ihre Sanis waren da gewesen, Pioniere, Fallschirmjäger und irgendjemand von der Luftwaffe. Robert war froh, dass er im Einsatz mit Jenny so viele Kameradinnen und Kameraden dabeihatte, mit denen er auch noch heute in Kontakt steht. Ihnen musste er nichts erklären und auch nichts beweisen. Die waren einfach da, schauten ihn an und wussten, was los war. Sie bemerkten sofort, ob es ein guter oder ein schlechter Tag war. Sie sahen auch, ob er Aufmunterung oder eine Umarmung brauchte. Es war wunderbar für ihn, diese Gemeinschaft seiner

Kameraden zu spüren und trotzdem blieb etwas in ihm zurück, dass er nicht fassen konnte. Etwas, dass keiner sehen sollte und auch niemand mitbekam. Etwas, dass er nicht teilen wollte.

Dieses Etwas war die angefangene Liebe mit Jenny. Diese Liebe, die zunächst ihn mehr ergriffen hatte als sie und die erst nach Jahren zu einer gemeinsamen Liebe wurde. Diese Liebe war genau nach Roberts Geschmack gewesen. Sie war ehrlich, klar und tragend. Jenny war für ihn die eine Frau gewesen, für die das alles hier einen Sinn ergeben hätte. Dieser Sinn war ihm nun wieder abhandengekommen. Zurück blieb ein inneres Loch, in das er manchmal schaute und das ihn erschauern ließ. Wer sollte jemals dieses Loch ausfüllen können? Was würde dann mit seiner Liebe zu Jenny geschehen? Diese Liebe wollte Robert nicht wieder hergeben, auch wenn ihm klar war, dass er von nun an nur noch eine Erinnerung lieben würde. So muss es sich anfühlen, wenn man verrückt wird, dachte er. Die Liebe ist noch da, aber die Person, der diese Liebe gilt, schweigt dich von einer Grabplatte aus an und du kannst nichts dagegen tun.

Moses beneidet in diesem Moment Menschen, die sich in religiösem Glauben beruhigen können. Die wirklich tief und fest glauben, dass es ein Jenseits gibt und man sich dort wiedertrifft. Moses liest selbst ab und an in der Bibel und insgeheim hofft er, darin irgendwann einen Sinn zu finden und auch Trost. Bisher ist das jedoch nicht eingetreten. Es bleibt für ihn nur ein Ritual, das seinen Verstand etwas beruhigt, aber seinen Geist nicht vom Körper zu trennen vermag. Seele möchte er seinen Geist nicht nennen und Moses weiß nicht, wie Jenny über solche Dinge dachte. Auch das ist unvollendet. So viele Fragen nicht fragen können und so wenige Antworten haben. Fotos von ihr hat er nur eine Handvoll und keines aus der Zeit, als sie seine Liebe erwiderte. Alles verblasst langsam; die Erinnerung an ihren Geruch, ihre Stimme und ihr Lachen. Er weiß auch nicht mehr, was die letzten Worte waren, als er sie zum letzten Male sah. All dies verschwindet im Nebel der Zeit. Robert steht noch immer am Grab von Jenny und denkt über seine Liebe und seine Trauer nach. Er ist ein wenig stolz auf sich, denn das mit der Trauer hat er offenbar gut hinbekommen in den letzten Jahren. Er hat alle Phasen der Trauer sehr bewusst durchlebt und durchlitten, er hatte sich auffangen lassen und war nicht verzagt. Trauerarbeit wie aus dem Lehrbuch, aber Trauer ist keine Liebe und wo er mit seiner Liebe hinsollte, konnte ihm niemand sagen. Sie war einfach da und blieb. Ein warmes und schönes Gefühl, Aufmerksamkeit fordernd und immer spürbar; aber hoffnungslos.

Mein Wille

Ich muss es. Afghanistan und die Zukunft der Frauen Afghanistans sind nicht voneinander zu trennen.

Mahbouba Seraj[19]

Sara geht in einer kurzen Arbeitspause zu Mirijam, die als Ärztin in der behelfsmäßig eingerichteten Ambulanz des kürzlich bombardierten Krankenhauses arbeitet. Sie kennen sich noch nicht besonders gut, denn Mirijam ist erst vor wenigen Tagen angekommen, aber Sara hat bemerkt, dass die junge Medizinerin sehr gut Dari spricht. Das braucht Sara jetzt, denn sie muss wichtige Dinge mit Amira klären, die sie sich mit ihren begrenzten Dari-Kenntnissen nicht allein zutraut und dem männlichen Dolmetscher vertraut sie nach der Sache mit dem Opium nicht mehr. Auch würde Amira sicher anders antworten, wenn ein Mann im Raum ist. Krankenpfleger Claas wird auf Anaram aufpassen, denn Sara hat das Gefühl, dass ihr Gespräch nicht einfach werden wird.

Mirijam und Sara treffen Amira am Abend allein an, wie geplant. Sie setzen sich an eine Mauer und Amira schaut sie gespannt an. Wenn Sara mit ihr gesprochen hat, war das bisher immer sehr gut für Amira ausgegangen und sie hofft inständig, dass dies so bleibt. Es ist gut, die Deutschen auf seiner Seite zu haben, aber man kann nie wissen.

Sara beginnt ruhig und konzentriert. Sie hat sich genau überlegt, was sie fragen und sagen möchte und ist dankbar, dass Mirijam ebenso ruhig und präzise übersetzt. “Amira, wie geht es Dir?” “Ich versuche, dass es Anaram und mir gut geht, aber es ist schwer. Ich weiß es nicht. Schickt ihr mich jetzt fort?” “Nein, wir wollen Dich nicht fortschicken, aber wir müssen über Eure Zukunft sprechen.” “Warum? Kann ich nicht hierbleiben? Ich würde gern hierbleiben.” “Ich weiß, Amira, aber das ist nicht so einfach. Wir wissen noch nicht genau, wie es mit dem zerstörten Krankenhaus hier weitergehen wird. Wir hoffen, dass es wieder aufgebaut wird. Aber wir wissen es nicht.” “Aber wo soll ich denn dann hin?”, fragt Amira mit Furcht in der Stimme. “Amira, mach Dir keine Sorgen. Wir werden Dich nicht fortschicken und Anaram natürlich auch nicht. Aber die Situation ist auch für uns kompliziert. Dein Mann ist gestorben und Du bist nun einerseits frei von ihm. Aber diese Freiheit nutzt Dir hier gerade nichts, wenn die Taliban zurück nach Kunduz kommen.” “Kann ich dann nicht bei Dir bleiben, Sara? Bitte, Anaram fühlt sich doch auch geborgen bei Dir. Bitte.” Sara und Mirijam spüren die aufsteigende Panik in Amiras Stimme. “Es gibt viele Dinge, über die wir reden müssen, Amira. Anaram sollte in die Schule gehen dürfen. Du nimmst Opium, was wir hier nicht dulden werden. Ich habe Deine Nähmaschine und die Stoffe besorgt, aber Du hast sie noch nicht angerührt. Wir können hier auch nur sehr wenig für Deinen schlecht heilenden Unterkiefer tun. Ich habe das Gefühl, dass die Situation für Dich und Anaram gerade nicht besonders gut ist und wir brauchen dabei

Deine Mithilfe, Amira." "Was soll ich denn tun? Sara? Was soll ich tun?" "Was möchtest Du denn tun?" Amira schaut Sara und Mirijam verständnislos an. "Was möchtest Du? Was willst Du für Dein weiteres Leben, Amira?", fragt Sara nach. "Ich muss wieder einen Mann finden, aber so wird mich doch keiner heiraten.", murmelt Amira und deutet hilflos auf ihren Mund. "Willst Du weiter in Kunduz leben oder wo anders?" Sara erntet für diese Frage einen ängstlichen Blick von Amira. "Warum fragst Du mich das, Sara?" Sara überlegt sich nun sehr genau, ob und was sie sagt, doch schließlich ist sie dafür heute hier. "Amira, ich werde in einigen Wochen zurück nach Deutschland fliegen." Amira schaut Sara nach Mirijams Übersetzung lange traurig an. Dann laufen ihr Tränen über die Wangen und sie nimmt Saras Hände. Sara spricht weiter: "Ich will gern weiter für Euch da sein, aber dafür müssen wir wissen, was Du möchtest, Amira. Du musst in den nächsten Tagen darüber nachdenken, versprich mir das." "Aber, aber ich habe doch gar keine Wahl, Sara. Ich habe doch gar keine Möglichkeit. Ich würde gern nähen, aber ich dürfte doch nie meine Sachen allein auf dem Markt verkaufen. Auch Anaram kann ich doch nicht allein zur Schule laufen lassen. Ich habe doch nur den Schutz hier bei Euch." "Ich weiß, Amira. Aber das wird nicht auf Dauer so weitergehen können. Anaram wird größer und bald eine junge Frau sein. Sie ist klug und lernt schnell. Sie könnte in einer anderen Stadt mehr lernen und freier leben." Amira schaut Sara nun verwundert an. "Was für eine Stadt meinst Du?" "Ich weiß es nicht, Amira. Ich weiß aber, dass ich nicht wieder nach Kunduz zurückkehren werde, wenn sich das vermeiden lässt. Afghanistan ist ein wunderbares Land, aber hier wird es einfach zu gefährlich für uns. Ich fühle mich hier nicht sicher. Nach der Bombardierung habe ich auch Angst. Vielleicht komme ich wieder nach Afghanistan. Aber ich weiß es nicht und ich will Dir das auch nicht versprechen. Aber falls ich wiederkomme, würde ich nur nach Kabul gehen. Hierher nicht noch einmal. Aber das ist auch gar nicht wichtig, weil es um Dich und Anaram geht und nicht um mich." "Aber wir lieben Dich doch, Sara." "Ich weiß, Amira. Ich liebe Euch auch und das macht es ja gerade so schwer. Aber Du hast jetzt und vielleicht wirklich nur dieses eine Mal noch in Deinem Leben die Möglichkeit, selbst zu entscheiden, welche Bahnen Dein Leben weiter nehmen wird. Du kannst versuchen, wieder zu heiraten und hoffen, damit irgendwie klarzukommen. Du kannst Dich hier in Kunduz irgendwie allein durchschlagen und einen Weg finden, von Deiner Nähmaschine zu leben. Und Du kannst weggehen, nach Kabul, nach Pakistan und ich würde Dich immer unterstützen. Aber ich will das nur, wenn ich weiß, was Dein eigener Wille ist. Dieses eine Mal kannst Du frei wählen und ich sage das sehr bewusst jetzt, denn noch bist Du dem Opium nicht komplett verfallen, noch kann ich einige Weichen für Euch stellen und noch sind wir hier zusammen." Amira schaut Sara wortlos an. Sie kann nicht fassen, was sie da gerade gehört hat. Überforderung macht sich in Amiras Gehirn breit und die Gedanken lassen sich nicht ordnen. Kehle und Brustkorb fühlen sich eng an. Amira ist aufgewühlt und traurig. Traurig, dass Sara sie verlassen wird und damit diese selbstverständliche Leichtigkeit abhandenkommen wird, in der Probleme erkannt und gelöst wurden. Auch das gute Gefühl, Anaram in gütigen Händen zu wissen, die ihr Aufmerksamkeit und Bildung schenkten, Verständnis und Geborgenheit. Anaram wird sehr, sehr traurig sein und Amira graut vor der Situation, wenn Anaram davon erfahren wird. "Wann wirst Du gehen?" fragt Amira und Sara spürt die Verzweiflung in ihrer Stimme. "In ungefähr vier bis fünf Wochen." Die drei Frauen sitzen nun schweigend nebeneinander und haben sich für den Moment nichts zu sagen. Schließlich beginnt Sara erneut und Mirijam übersetzt: "Es tut mir leid, Amira. Mir geht es nicht gut hier. Ich bin eine einfache Krankenschwester und das hier ist echt hart. Ich bin Stress gewohnt, aber ich möchte das auch gesund überstehen. Das hier mache ich freiwillig, weil ich den Menschen in Afghanistan helfen wollte, und es ist einfach nur verdammt hart. Klar kann ich immer versuchen, das Herz auszuschalten, aber ich merke, dass ich dann jeden Tag an Kraft verliere. Es gibt so viel Leid, Ungerechtigkeit und Schmerz hier, dass es nicht auszuhalten ist. Und die schönen Momente mit Anaram und Dir sind mir sehr wichtig, aber sie können nicht ändern, dass es hier einfach zu gefährlich für mich ist. Ich muss wieder Kraft tanken und vielleicht komme ich dann wieder." "Könnten wir mit nach Deutschland kommen?", bringt Amira vorsichtig hervor. Sara und Mirijam schauen sich vielsagend an und schweigen zunächst. Sie sehen die Hoffnung in Amiras Gesicht. "Das ist nicht so einfach, Amira. Dafür gibt es viele Regeln und ich weiß auch nicht, ob das so eine gute Idee ist. Deutschland ist sehr anders als Afghanistan. Sehr anders." Amira denkt kurz nach und sagt dann, traurig zwar, aber sehr klar: "Danke Sara, danke für alles. Ich werde über all das nachdenken." "Sehr gut. Und Amira, wenn Du Schmerzen hast, kommst Du zu mir. Ja?" "Ja." Amira steht auf, verabschiedet sich und geht in Richtung der Krankenstation, wo Claas mit Anaram sein müsste. Mirijam und Sara schauen ihr nach, wie sie barfuß und mit festem Schritt über den steinigen Boden geht. Eine afghanische Frau, geschunden, gepeinigt und immer wieder neu gefordert, nachdenkend über das, was wir den eigenen Willen und Freiheit nennen.

Sara und Mirijam bleiben noch etwas sitzen. "Danke fürs Übersetzen." "Gern geschehen." "Was denkst Du?" "Du tust das Richtige. Niemandem ist geholfen, wenn Du hieran verzweifelst, auch wenn es gerade wehtut." "Ja, tut es." "Was meinst Du, wie sie sich entscheidet?", will Mirijam wissen. "Schwer zu sagen. Sie redet nicht viel, das meiste weiß ich nur von Anaram und demnach scheint es sehr schwierig gewesen zu sein in den letzten Jahren. Ihr Mann ist hier bei der Bombardierung gestorben. Den hatten wir als Patienten, weil er bei den Taliban gekämpft hat. Einmal amerikanisches MG für Schulter und Hüfte komplett. Der wäre für immer ein Pflegefall geblieben. Er hatte sie zum Abschied zusammengeschlagen, der Unterkiefer wird nur schwer wieder besser werden. In Pakistan waren sie schon, sind dann wieder hergekommen. Sie kann wohl gut nähen, aber Anaram meint, dass der Vater das verboten hätte. Sie hat nicht so richtig verstanden warum, vermutlich war das schlecht für sein Ego. Amira hatte eine Fehlgeburt, ein Kind ist nach der Geburt verhungert und eines wurde von einer Mine zerfetzt. Jetzt ist nur noch Anaram da. Wie soll man da über Freiheit und eigenen Willen nachdenken?" Mirijam hat aufmerksam zugehört; nun schweigen beide für einige Zeit. "Das hört sich alles echt gruselig an." "Ja", antwortet Sara und fährt fort. "Das ist aber hier allgegenwärtig. Du kannst jeden und ich meine jeden, nach seiner Geschichte fragen und bei allen, und ich meine bei allen, ist da nur Mord und Todschlag. Jahrzehntelang haben sich hier die Kriegsparteien abgeschlachtet und im besten Fall die Seiten gewechselt, um sich dann weiter abzuschlachten. Mir geht das nahe, ich kann das nicht so einfach wegstecken und aufhören nachzufragen kann ich auch nicht. Die Bombardierung hat mir jetzt noch den Rest gegeben. Ich muss hier weg." "Das ist Ok, Sara. Du hast hier einen tollen Job gemacht. Du kannst sehr stolz auf Dich sein und wie Du mit den beiden umgehst, ist echt toll." "Danke. Kannst Du Dir Amira und Anaram in Deutschland vorstellen?", fragt Sara nachdenklich. "Du meinst mit Asylantrag, Aufnahmelager, Arbeitsamt, Steuererklärung, Jugendamt und Sozialversicherung?" Sara schaut nachdenklich geradeaus. "Genau das ist auch mein Problem, mal davon abgesehen, dass sie die Frau eines getöteten Talibankämpfers ist und kein Asyl bekommen würde, auch wenn sie selbst nichts Verwerfliches getan hat." Mirijam denkt einige Minuten nach und meint dann: "Wir lassen sie entscheiden. Das ist jetzt ihr eigener Moment, so wie Du vorhin gesagt hast. Es ist ihre Freiheit und wir werden sehen, wie Amira sie nutzen will."

Sie sehen aus der Ferne, wie Amira und Anaram zu ihrer Unterkunft gehen. Anaram winkt herüber und Amira zieht sie weiter. Claas steht am Eingang der Klinik und schaut zu Mirijam und Sara rüber. "Läuft da was zwischen Euch?" fragt Mirijam möglichst beiläufig. "Mit Claas? Nein, kannst Du versuchen. Ich bin raus hier."

Abschiede

Das Leben ist eine gigantische Lotterie,
bei der nur die Gewinnerlose sichtbar sind.

Jostein Gaarder[20]

Eine Woche nach dem Gespräch mit Sara und Mirijam kommt Amira in die Ambulanz und bittet beide darum, sich am Abend erneut zu treffen. Sie bringt Anaram mit, ihre Tochter, neun Jahre alt, unterernährt, zu klein für ihr Alter aber mit wachen Augen. Neugierig und klug ist Anaram, kann mittlerweile lesen, schreiben, rechnen und ihr Englisch wird immer besser. Anaram spürt, dass dieser Abend irgendwie besonders ist, denn normalerweise sind sie abends immer in ihrer Unterkunft bei den beiden anderen Afghaninnen und deren Kindern.

“Ich habe mich entschieden.”, beginnt Amira das Gespräch, das Mirijam wieder dolmetscht. Anaram schaut überrascht und die beiden Frauen beobachten sie erwartungsvoll. “Was hast Du entschieden?” fragt Anaram und Amira lächelt sie mit ihrem schiefen Mund und den fehlenden Schneidezähnen liebevoll an. “Anaram, Du bist meine liebe Tochter und außer Dir habe ich nichts mehr auf dieser Welt. Ich will immer bei Dir sein und werde immer Deine Mutter sein. Ich hatte gehofft, dass Sara mit uns zusammen hier sein kann und dass wir hier leben können. Aber das geht leider nicht. Sara will wieder nach Deutschland gehen und hier ist es nicht gut für uns allein.”

Anaram sieht entsetzt zu Sara, als Mirijam diese Ungeheuerlichkeit übersetzt. Sie weint und fragt: "Wieso musst Du gehen? Ich will nicht, dass Du gehst." Sara öffnet ihre Arme und Anaram kommt zu ihr. "Anaram, ich habe Dich sehr lieb und ich habe auch Deine Mutter sehr lieb. Aber mein Platz ist nicht hier, ich habe Angst, hier zu bleiben und will wieder in meine Heimat nach Deutschland." Amira spricht nun weiter: "Ich habe lange nachgedacht, was ich nun machen soll und ich habe über Deine Worte von Willen und Freiheit nachgedacht, Sara. Aber wenn ich länger darüber nachdenke, werde ich verrückt, denn hier gibt es weder meinen Willen noch Freiheit. Hier gibt es nur Leben oder Tod. Meine Heimat ist nicht fern von hier und ich vermisse sie. Aber ich bin da nicht willkommen. Wenn wir zurück in das Dorf gehen würden, würde ich als zweite oder dritte Frau eines hässlichen alten Mannes enden. Er würde uns schlagen und Anaram wäre auch nicht sicher vor ihm. Ich hätte immer Angst, dass Anaram durch Mienen getötet oder verletzt wird und sie könnte dort nicht in eine Schule gehen. In das Dorf gehen wir nicht zurück." Sara und Mirijam schweigen betreten, denn sie hatten nicht gedacht, dass Amiras Dorf ernsthaft zur Debatte stand. "Nach Pakistan will ich auch nicht wieder.", fährt Amira fort.

“In Pakistan haben wir eine Weile gelebt und ich konnte für uns sorgen. Aber auch da wären wir nicht sicher und willkommen. Wir wären arme Flüchtlinge aus Afghanistan und wären Freiwild für die Männer. Ich könnte zwar mit meiner Nähmaschine Kleidung nähen und verkaufen, aber das kann ich woanders auch.” Anaram unterbricht ihre Mutter und sagt “Mama, ich finde Pakistan schön. Da war ich in der Schule und wir hatten ein Haus. Warum gehen wir da nicht hin?” “Weil die Leute da nicht gut zu mir und Deinem Vater waren. Dein Vater hat in Pakistan schlechte Menschen getroffen und nun ist er tot. Nein, nach Pakistan will ich nicht wieder.” “Aber wo gehen wir dann hin, Mama? Wo gehen wir hin?” Anaram ist nun ganz aufgeregt und der ersten Überraschung über Saras Weggang folgt nun direkt die Begeisterung für Neues. “Ich habe auch überlegt, ob wir zu Euch nach Deutschland kommen könnten. Aber ich habe in Euren Augen gesehen, dass Ihr das nicht wollt. Ich weiß nicht warum, aber wenn Ihr das schon nicht wollt, dann ist es da bestimmt auch nicht gut für mich.” Sara und Mirijam schauen sich betreten an. Sie haben diese afghanische Frau gehörig unterschätzt. “Äh … Amira … ich weiß nicht, wie ich das sagen soll …” “Du musst nichts sagen, Sara. Ich habe verstanden und will Dir nicht zur Last fallen. Ich will das selbst und hier in Afghanistan schaffen. Anaram und ich werden nach Kabul gehen und ich werde dort Kleider nähen und verkaufen. Anaram wird eine Schule besuchen und dann werden wir sehen, was passiert. Ich weiß nicht, wie es da sein wird.

Von den anderen Orten weiß ich es. Schlimmer kann es nicht werden und selbst wenn es schlimmer kommt, habe ich mich immerhin selbst dafür entschieden.” Sara und Mirijam schauen sie schweigend an und Sara denkt: ‘Großartige Frau, das hätte ich nicht gedacht.’ Anaram schaut ihre Mutter ebenfalls an und fragt: “Wo ist Kabul? Wie kommen wir da hin?” Ihre Fragen werden für den Moment nicht beantwortet, denn nun ergreift Mirijam das Wort: “Das ist eine sehr gute Entscheidung, Amira. Eine sehr gute Entscheidung. Ich kenne Leute in Kabul, die Euch in der ersten Zeit bestimmt helfen können und vielleicht können wir Euch mitnehmen, wenn Sara in einigen Wochen zurückreist. Bis dahin werden wir einige Dinge organisieren.” Anaram spürt, dass die Stimmung gelöster wird. Was hier besprochen wird, ist offenbar etwas Gutes, auch wenn sie nicht alles versteht. “Aber Mama, wo ist denn Kabul? Was ist da?” Nun leuchten Amiras Augen und sie beginnt zu erzählen, was sie damals auf dem Markt in Pakistan über Kabul gehört hat. Dass Kabul eine große Stadt in Afghanistan sei und es da keine Taliban gibt. Es gibt da mehr Arbeit als auf dem Land und moderne Häuser, in denen man sicher wohnen kann. Auch gibt es da viele Geschäfte, und wenn man Geld hat, kann man alles kaufen, was man braucht. Es gibt Schulen, auch für Mädchen, und die Frauen dürfen allein auf die Straße. Es sind viele Ausländer da, die die Stadt beschützen und bei denen man arbeiten kann.

Sara wird bei Amiras begeisterter Schilderung etwas mulmig und sie wirft kurz ein: "Ja, aber es ist auch nicht alles gut in Kabul. Aber ja, auf jeden Fall besser als hier mit den Taliban." "Dann darf ich mit Anaram nach Kabul?" fragt Amira. "Ja, es ist Deine Entscheidung. Du darfst nach Kabul. Niemand verbietet Dir das." "Und ihr könnt uns helfen, da hinzukommen?" Sara schaut Amira nun fest in die Augen. "Amira, ich werde alles tun, damit ihr nach Kabul kommt. Mirijam wird mit ihren Bekannten sprechen und wir werden sehen, dass Ihr die erste Zeit dort versorgt seid. Es ist die beste Entscheidung, die Du treffen konntest, Amira. Glaube mir." "Danke Sara, danke für alles."

"Ich hätte noch einen Wunsch, bevor wir nach Kabul fahren.", sagt Amira in die nun eingetretene Stille. "Ich werde wahrscheinlich nie wieder hierherkommen und würde gern nochmal mein Tal sehen. Nicht das Dorf, aber das Tal würde ich gern noch einmal sehen, wo ich geboren wurde." "Das bekommen wir hin, Amira, auch wenn es etwas abenteuerlich und nicht ganz einfach wird. Für Mirijam ist es bestimmt auch schön, hier mal rauszukommen." So sitzen sie nun zufrieden da und schauen in die untergehende Sonne. Die Zukunft bleibt zwar immer noch sehr ungewiss, aber es wird zumindest ihre eigene Zukunft sein.

Zwei Wochen später starten sie zum Ausflug in das entlegene Tal, zwei Stunden von Kunduz entfernt.

Sie fahren vorbei am Feldlager der deutschen Soldaten, vorbei am Flughafen, vorbei an Checkpoints rund um die Stadt, bis die Gegend ländlicher wird und unsicherer. Alle wissen, dass hier draußen viele Gefahren lauern, vor denen sie sich wenig schützen können. Aber noch einmal Amiras Tal sehen zu können, ist ein schöner Preis für diese Unsicherheit, die sie ohnehin jeden Tag umgibt. Sie fahren durch eine grüne, weite Ebene, durch die sich der Kunduz-River schlängelt. Die Landschaft wird karg und Amira schaut sehnsüchtig zu den umliegenden Bergen auf. Sie erkennt einige der Höhen und weiß, dass sie nicht mehr weit von ihrem Tal entfernt ist. Sie hält Anarams Hand fest und saugt die Bilder in sich auf. Der weite Himmel spannt sich blau über den Bergen, die Sonne strahlt und Amiras Gedanken fliegen. Sie fliegen in ihre Kindheit, die nun aus ihrer verschütteten Erinnerung hervorquillt. So schön und einfach war ihre Kinderzeit gewesen und hatte sich dann in einen langen Albtraum aus Unterdrückung und Unglück verwandelt. Ihre Kinder, auf die sie sich gefreut hatte und die nicht bei ihr bleiben durften, weil Allah sie wieder nahm. Ihr Mann Navid, der auch in seinem Tod irgendwie unnahbar und fremd blieb. Und da ist dieses kleine Glück, Anaram und diese beiden freundlichen Frauen hier bei sich zu haben, die ihr einen Weg gezeigt haben aus dieser verworrenen und leidvollen Welt. Ein schöner Tag, denkt sie bei sich.

Schließlich sehen sie, wonach sich Amira gesehnt hatte: einen kleinen Hügel am Eingang zu ihrem heimatlichen Tal. Früher ein militärischer Posten, heiß umkämpft, nun aber verlassen, weil gerade an anderer Stelle gekämpft wird. “Da vorn können wir anhalten, da will ich hoch. Da kann ich Abschied nehmen.” Der Geländewagen hält am Fuße des Hügels und die Ausflügler steigen aus. Der Weg auf den Hügel ist kurz, aber anstrengend in der flirrenden Hitze. Anaram ist mit ihren jungen Beinen etwas schneller als die anderen und bleibt plötzlich wie angewurzelt stehen. Ein alter Mann sitzt auf dem Hügel und schaut sie stumm an. Er ist von der Sonne tief gebräunt und scheint schon sehr lange hier zu sein. Er sitzt in der glühenden Sonne mitten auf dem Hügel und wenn Anaram an die höchste Stelle will, muss sie nahe an ihn herantreten. Er betrachtet sie weiter interessiert und mustert die auffällige Narbe an Anarams Hals. Amira, Sara und Mirijam treten hinzu und der alte Mann mustert die drei Frauen stumm. An Amira bleibt sein Blick hängen, bevor er grußlos, sehr direkt und herablassend feststellt: “Du bist die Frau von Navid. Wo ist er?” “Navid ist tot.” Er betrachtet die drei Frauen weiter und schließlich geht sein Blick zu Anaram und ihrer Narbe am Hals “Ist das Deine Tochter?” “Ja, das ist meine Tochter.” Der alte Mann lächelt nun unvermittelt und schaut wieder in die Ferne, bevor er erneut unfreundlich wird: “Verschwindet, lasst mich allein.” Sara sieht, dass Mirijam innerlich kocht. Sie muss noch viel lernen, hier in Afghanistan. So nimmt Sara sie bei der Hand und zieht sich mit Anaram und Amira zusammen grußlos zurück. Auf halber Höhe halten sie kurz inne. “Was war das denn? Wer ist das, Amira. Du kennst ihn?” “Ja, aber der ist jetzt nicht mehr wichtig. Lasst mich noch mit Anaram kurz hier sitzen. Ihr könnt schon vor zum Auto gehen.”

“Komm her, Anaram. Setz Dich zu mir.”, sagt Amira. “Hier kommen wir her, mein Kind. Schau Dir diese wunderbaren Berge an und diesen weiten Himmel. Wo auch immer Dich das Leben hinbringen wird, hier kommst Du her. Hier hat Dein Leben und das Deiner Eltern, Großeltern und Urgroßeltern begonnen. Jeder Schritt, den Du in die Welt hinaus machst, bringt Dich Deinen Träumen ein Stück näher. Jeder Schritt, den Du hierher zurück gehst, bringt Dich Deinen Wurzeln näher. Deine Entscheidung wird immer sein, ob Du träumen oder zu Deinen Wurzeln kommen willst.” “Du willst jetzt träumen, Mama?” “Ja, ich will jetzt endlich träumen.”

Aziz, der alte Mann auf dem Hügel, schaut den drei Frauen und dem Kind versonnen nach. Sein Allah hat einen feinen Sinn für Ironie. Das hatte er immer geschätzt und weiß, dass sein Werk nun getan ist und seine Zeit auf Erden jetzt endet.

Epilog

In einem hessischen Badezimmer schnurrt ein Rasierapparat einhändig über den kahlen Schädel einer jungen Frau. Sie zieht ihr schönstes Kleid an, legt eine Halskette an und schlüpft in ihre neu gekauften Sneaker. Heute Abend ist ein besonderer Anlass. Viele Freunde und Freundinnen, ihre Familie und einige Kameraden werden dabei sein, denn sie eröffnet ihre erste eigene Fotoausstellung mit ihren Bildern. Sie heißt "Golden Hour". Es wird ein sehr schöner Abend, den Carolin dankbar aufsaugen wird. Ihr Telefon ist leise gestellt und auf dem Heimweg sieht sie sechs unbeantwortete Anrufe von Kovac. Eine Nachricht hat er nicht hinterlassen.

Es ist ein kalter Wintertag und Mathias "Cluster" Kaufmann steht in Potsdam vor einer Stele im Wald der Erinnerung. Er blickt frierend auf vier Namen, die in Metall gegossen zwischen den steinernen Rippen einer Stele stecken. Er fährt mit seinen Fingern versonnen über die Namen und steckt jeden der vier noch verbliebenen Coins in den Spalt zwischen kaltem Metall und rauem Stein. Die Coins halten noch kurz die Wärme seiner Hand, doch als er geht, durchdringt auch sie die Kälte. Die vier Coins schimmern schlicht und blaugrau in der fahlen Wintersonne. In die Coins sind vorn und hinten jeweils zehn Fallschirme tief eingeprägt, die wie Tortenstücke oder erhabene Blütenblätter einen geschlossenen Kreis bilden. Den Rand der Coins umschlingt ein schlichtes Band und in der Mitte befindet sich einfach ein Loch. Zahlen stehen keine drauf. Die werden die Überlebenden nie vergessen.

Im sächsischen Pulsnitz steht ein Einkaufszentrum. Es hat seine besten Jahre hinter sich und wird zum Jahresende abgerissen. Ein Wachmann wird hier nicht mehr benötigt und Keule verlässt seine Wohnung nun noch seltener; nur ab und an geht er zur Tankstelle und am Park vorbei.

In den Weiten Colorados sitzt Ann auf der Terrasse ihres Holzhauses und schaut auf ihre Farm. Ihr Mann, ein ehemaliger Marineflieger, bringt die beiden kleinen Kinder ins Bett und sie hört sie im Badezimmer glucksen und kichern. Ann hat sich vom aktiven Dienst in der Army zurückgezogen, sich von ihrem Ersparten ein Stück Land gekauft und mit ihrem Mann dieses Haus gebaut. Ann denkt an die kalten Nächte und die klare Luft in den afghanischen Bergen. Sie denkt an ihren Black Hawk, der sie immer heil zurück zum Feldlager gebracht hat, und an die Soldaten, die in ihrem Helikopter gestorben sind. Sie hatte sich nur selten umgedreht und nach einem Monat hatte sie aufgehört zu zählen. Wie sie nun innerlich ruhig in die Abendsonne schaut, denkt sie bei sich, dass dies eine gute Entscheidung gewesen war.

Im afghanischen Kunduz sitzen Sara und Anaram in der letzten Stuhlreihe eines großen Raumes. Es ist der vorletzte Tag vor ihrer Abreise nach Kabul. Viele Leute sind anwesend und Sara hat Anaram erzählt, dass heute ein amerikanischer General gekommen sei. “Was ist ein General?”, fragt Anaram. “Ein General ist einer, der den Soldaten sagt, was sie machen sollen.” “Und warum ist er hier?”, fragt Anaram, aber Sara legt, statt einer Antwort, ihren Zeigefinger auf die Lippen. “Psst. Er fängt an” “As Commander, I wanted to come to Kunduz personally and stand before the families, and people of Kunduz, to deeply apologize for the events which destroyed the hospital and caused the deaths of the hospital staff, patients and family members. I grieve with you for your loss and suffering; and humbly and respectfully ask for your forgiveness.”[21] “Anaram, hast Du verstanden, was er gesagt hat?”, fragt Sara ihre kleine Sitznachbarin flüsternd. “Nicht alles, aber er hat sich für die Bomben entschuldigt, oder?” “Ja, das hat er.” “Gut. Man wirft keine Bomben auf Krankenhäuser. Da sind nämlich Menschen drin.”

Robert wird auf einer Tagung des Sanitätsdienstes über seine wehrmedizinischen Erfahrungen in Afghanistan und Mali referieren. Er schaut sich dazu gerade das übrige Programm an und findet einige interessante Abstracts. Ein Titel spricht ihn aus persönlichem Interesse besonders an: Sara Klinger – Psychosoziale Herausforderungen im medizinisch-humanitären Auslandseinsatz: Freiwilligkeit zwischen Resilienz und Empathie (MSF, AFG, Kunduz)

Danksagung

Als ich den ersten Teil der Anaram-Geschichten schrieb, ahnte ich nicht, wie viel Zuspruch, Dankbarkeit und Ermutigung mir aus dem Kreis der Veteraninnen und Veteranen entgegenkommen würde. Viele haben mir nach Lesungen ihre Geschichten oder einfach nur kleine Anekdoten aus ihren Auslandseinsätzen anvertraut. In dem ein oder anderen Halbsatz blitzen diese in meinen Texten durch, auch wenn ich sie nicht immer eindeutig fassen oder ausführlich würdigen kann. Sie schwingen mit, so wie sie in den Leben und Entscheidungen der Veteranen immer mitschwingen werden. Ich danke ihnen allen für ihr Vertrauen und ihre entwaffnende Offenheit, speziell Andreas, Florian, Steffi, Markez, Pasquale, Jesse, Alex …

Ich danke allen Akteuren in den Veteranenverbänden, die ehrenamtlich und kameradschaftlich füreinander da sind und sich gegenseitig stützen. Ihr habt meine Geschichten mit offenen Herzen aufgenommen, seid eine starke, fürsorgliche Gemeinschaft und ich wünsche mir, dass Ihr auch in unserer Gesellschaft als solche wahrgenommen und geachtet werdet.

Dieses Buch ist Andreas Wichmann gewidmet. Ich schreibe diese Zeilen im Sommer 2022, wenige Tage nach seinem überraschenden Tod und einige Tage vor der Trauerfeier, die seine Kameradinnen und

Kameraden der Reservistenarbeitsgemeinschaft Military Brotherhood Germany (RAG-MBG) für Andreas, seine Hinterbliebenen und alle Trauernden organisieren. Andreas war unermüdlich für „seine" RAG-MBG da, hat seine Veteraninnen und Veteranen in persönlicher Not unterstützt und sich auch privat immer selbstlos engagiert. Teil seines Vermächtnisses ist, neben den persönlichen Erinnerungen an ihn, der „Marsch zum Gedenken", der ohne ihn undenkbar war und nun künftig ohne ihn stattfinden wird. Als Zivilist bekomme ich gerade eine demütige Ahnung davon, was Soldaten meinen, wenn sie von Kameradschaft sprechen. Andreas wird uns fehlen und wir werden ihn nicht vergessen.

Ich danke allen, die mich mit sachkundigen Anregungen, Quellen und Literatur versorgt haben und die mir Anregung und konstruktive Kritik geschenkt haben. Die Kurzgeschichten des vorliegenden Bandes „Anaram – Golden Hour" sind als direkte Fortsetzung zum ersten Band „Anaram – Endloses Licht" zu verstehen. Sie sind fiktiv, haben aber in einigen Fällen reale Vorbilder. So stützen sich die Geschichten „HH-60M Black Hawk" und die Bombardierung in „Die Klinik" auf reale Personen oder Geschehnisse in Afghanistan. Auch der Drohnenkrieg (Zhamana") und die Drogenproblematik („Opium") waren bzw. sind bittere Realität.

Namen habe ich, insofern sie nicht mit Zitaten in Zusammenhang stehen, verfremdet. Ich bitte die Leserinnen und Leser um Nachsicht für gewollte oder ungewollte Ungenauigkeiten.

Ich danke meiner Verlegerin Carola Hartmann vom Miles-Verlag und Oberst Dr. Uwe Hartmann für ihr Vertrauen in meine Arbeit sowie Catherina Lehmann und ihrem Team vom Café Viereck für die Unterstützung bei der Verbreitung der Anaram-Geschichten. Catherina danke ich, dass sie mit mir gemeinsam bei Lesungen die Texte vorträgt und mich durch die emotionalen Höhen und Tiefen der Veranstaltungen trägt.

Ich danke meinen Lieben, die immer bei mir sind.

Abkürzungen & Begriffe

AC-130
Mit Rohrwaffen bestücktes Militärflugzeug amerikanischer Bauart zur Luftnahunterstützung, basierend auf dem Transportflugzeug Lockheed C-130 Hercules

ANA
Engl.; Afghan National Army; Afghanische Nationalarmee, Berufsarmee, 2002 gegründet, faktisches Ende im Sommer 2021

Apache
Kampfhubschrauber amerikanischer Bauart zur Bekämpfung von Bodenzielen; Hersteller Boeing, z.B. Modell AH-64

Black Hawk
Mittelschwerer Transporthubschrauber des US-Militärs/Firma Sikorsky, hier in der Variante HH-60 MedEvac zum Transport von Verwundeten

Capture or kill
Militärische Bezeichnung für Missionen, bei denen eine Zielperson gefangen genommen werden soll und wenn dies nicht möglich ist, diese getötet wird

Coin
Geprägte Münze, teilweise farbig gestaltet mit militärischem Bezug; z.B. Coins spezieller Verbände oder Coins in Erinnerung an Manöver und Einsätze; militärinterne Respektsbezeugung; keine formale Auszeichnung

Dari
Auch Dari-Persisch, Amtssprache in Afghanistan; gefolgt von Paschto/Paschtunisch als zweite Amtssprache

Dingo
Allschutz-Transport-Fahrzeug (ATF) Dingo / Dingo 2; gepanzertes und bewaffnetes Radfahrzeug für Patrouillen- und Spähfahrten; eingesetzt u.a. durch die Bundewehr im ISAF-Afghanistaneinsatz.

Forward Surgical Team
Engl.; vorgeschobenes chirurgisches Notfallteam direkt hinter der Frontlinie; im ISAF-Einsatz meist stationäre Einrichtungen, da es zumeist keinen klar definierten Frontverlauf gab

Golden Hour
Begriff aus der Wehrmedizin, der auf den US-amerikanischen Militärchirurgen R Adams Cowley zurückgeht, welcher sich bereits Ende der 1960er Jahre für den schnellen Transport von Schock-Trauma-Patienten mit Helikoptern einsetzte.

G36
Sturmgewehr (Ordonnanzwaffe) der Bundeswehr, Hersteller Heckler & Koch

Hazara
Volksgruppe/Ethnie in Afghanistan, deren Hauptsiedlungsgebiet im zentralafghanischen Bamiyan-Tal liegt, überwiegend schiitische Konfession

IED
Engl.; Improvised Explosive Device; Unkonventionelle Spreng- und Brandvorrichtungen, die z.B. im Afghanistan-Konflikt häufig gegen westliche Truppen eingesetzt wurden.

ISAF
International Security Assistance Force, Sicherheits- und Wiederaufbaumission in Afghanistan unter NATO-Führung, 2001-2014

Kalaschnikow
Umgangssprachliche Bezeichnung für ein Sturmgewehr russisch-sowjetischer Bauart; auch AK-47

KSK
Kommando Spezialkräfte, militärische Spezialeinheit der Bundeswehr, stationiert in Calw

MedEvac
Engl.; Medical Evacuation, Medizinische Evakuierung, Abtransport verletzter Personen, hier von verwundeten Soldaten und Soldatinnen, wobei MedEvac auch die durchführenden Organisationsstrukturen meint.

MG
Abkürzung für Maschinengewehr, vollautomatische Schusswaffe, gilt in Deutschland als Kriegswaffe

MINUSMA
Abkürzung für die Multidimensionale Integrierte Stabilisierungsmission der Vereinten Nationen in Mali, UN-Resolution 2100 vom 25. April 2013

MQ-9 Reaper
Amerikanisches Drohnenmodell („Sensenmann“), Hersteller General Atomics, basierend auf der Drohne MQ-1 Predator

MSF
International gebräuchliche Abkürzung für Médecins Sans Frontières; Hilfsorganisation Ärzte ohne Grenzen, Friedensnobelpreis 1999

NATO
Engl.; North Atlantic Treaty Organization, westliches Verteidigungsbündnis, u.a. USA, Deutschland

OP
Operation; hier ein medizinischer Eingriff; als OP werden auch die Räumlichkeiten bezeichnet, in denen diese vorgenommen werden

RAG-MBG
Reservistenarbeitsgemeinschaft – Military Brotherhood Germany, deutsche Veteranenvereinigung

RPG
Panzerabwehrwaffe, umgangssprachlich Panzerfaust, sowjetische Entwicklung

Wald der Erinnerung
Gedenkstätte der Bundeswehr auf dem Gelände der Henning-von-Tresckow-Kaserne in Schwielowsee bei Berlin

Zitate & Quellen

[1] Khorshied Machalle, George Winston, Don't Turn Your Faces Away; Not Forgotten: Songs For The People Of Afghanistan, 2000

[2] R Adams Cowley, US-Militärchirurg, ehem. Leiter des Schock Trauma Zentrums der Universität von Maryland, umms.org

[3] Richard Dehmel, Gedicht „Ballade vom stillen Mädchen“, Deutsche Chansons, Verlag Schuster & Loeffler, Berlin und Leipzig, 1901

[4] Laotse, Tao Te King, S. 44, Otto Wilhelm Barth Verlag, 1999

[5] Jesse Cole, Titel „Sand in meiner Seele“, Album: Some Are Never Done, JCR JesCoRecords, Catalog No: 02-2021

[6] Angelika Dörfler-Dierken, Hinschauen! Geschlecht Rechtspopulismus Rituale, S. 51, Miles-Verlag, Berlin, 2019

[7] Ulrike Scheffler, Sabine Würich, Operation Heimkehr; Bundeswehrsoldaten über ihr Leben nach dem Auslandseinsatz, S. 168, Christoph Links Verlag Berlin, 2. Auflage, 2014

[8] Nissa Brodman, US Army Aeromedical Evacuation Officer; Dokumentarfilm „Afghanistan – The Golden Hour / A Medics Work in Afghanistan Is Never Done“, journeyman.tv 2010

[9] Khaled Hosseini, Drachenläufer, S. 552, Fischer TaschenBibliothek, Fischer Verlag GmbH, Frankfurt am Main, 2019

[10] Sun Tsu, Die Kunst des Krieges, Hrsg. Thomas Cleary, S. 75, Anaconda Verlag, München, 2021

[11] Marco Seliger, Das Afghanistan Desaster – Warum wir am Hindukusch gescheitert sind, S. 246, Mittler im Maximilian Verlag GmbH & Co. KG, 2022

[12] Athena Madan, Thoughts from Afghanistan: Rebuilding community in complexity; Intervention, Journal of Mental Health and Psychosocial Support in Conflict Affected Areas, Volume 16, Issue 3, S. 291ff, November 2018

[13] Charles Bukowski, Gedichte die einer schrieb bevor er im 8. Stockwerk aus dem Fenster sprang, Gedicht “Der Knast von Moyamensing”, DTV – Deutscher Taschenbuch Verlag, 8. Auflage 1992, München

[14] Voice of Amerika, MSF Report: Afghan Hospital Attack Had No Military Purpose, VOA News, 05.11.2015

[15] Thomas Wiegold (augengeradeaus.net), Luftangriff auf MFS-Hospital in Kundus: Pressekonferenz von Ärzte ohne Grenzen, 05.11.2015

[16] UNODC United Nations Office on Drugs an Crime, Drug Situation in Afghanistan 2021, UNODC Research Brief November 2021

[17] Nagis Nehan, Twitter @NehanNargis, 20.04.2022

[18] Jonathan Franzen, Freiheit, Rowohlt Verlag GmbH, Reinbeck bei Hamburg, 4. Auflage November 2010, S. 509

[19] Natalie Amiri, Afghanistan – Unbesiegter Verlierer, S. 201, Aufbau Verlage GmbH & Co. KG, Berlin 2022

[20] Jostein Gaarder, Das Orangenmädchen, S. 188, Deutscher Taschenbuch Verlag GmbH & Co. KG, München, 2005

[21] U.S. Forces Commander John Nicholson, damals Kommandeur der NATO-Mission „Resolute Support", am 22.06.2016 in Kunduz (augengeradeaus.net, Thomas Wiegold, 22.03.2016)

Carola Hartmann Miles-Verlag

Die Anaram-Reihe

Stefan Brux, *Anaram – Endloses Licht,* Berlin 2022.

Stefan Brux, *Anaram – Golden Hour,* Berlin 2023.

Einsatzerfahrungen

Sascha Brinkmann und Joachim Hoppe (Hg.), *Generation Einsatz. Fallschirmjäger berichten ihre Erfahrungen aus Afghanistan, Berlin 2010.*

Artur Schwitalla, *Afghanistan, jetzt weiß ich erst… Gedanken aus meiner Zeit als Kommandeur des Provincial Reconstruction Team FEYZABAD,* Berlin 2010.

Rainer Buske, *KUNDUZ. Ein Erlebnisbericht über einen militärischen Einsatz der Bundeswehr in AFGHANISTAN im Jahre 2008*, Berlin ²2016.

Alois Bach, Carola Hartmann (Hg.), *Unbekannte Helden des Alltags. Soldaten und Ehefrauen berichten über Verantwortung, Humanität und Belastung im Auslandseinsatz,* Berlin 2020.

Kurt Helmut Schiebold, *99 Tage in Afghanistan. Wie der deutsche Einsatz 2003 im Nordosten Afghanistans begann. Aus meinem Tagebuch,* Berlin 2022.

Militär und Gesellschaft

Hans-Christian Beck, Christian Singer (Hrsg.), *Entscheiden – Führen – Verantworten. Soldatsein im 21. Jahrhundert,* Berlin 2011.

Marcel Bohnert, Lukas J. Reitstetter (Hrsg.), *Armee im Aufbruch. Zur Gedankenwelt junger Offiziere in den Kampftruppen der Bundeswehr,* Berlin 2014.

Phil C. Langer, Gerhard Kümmel (Hrsg.), *„Wir sind Bundeswehr." Wie viel Vielfalt benötigen/vertragen die Streitkräfte?*, Berlin 2015.

Alois Bach, Walter Sauer (Hrsg.), *Schützen.Retten.Kämpfen. Dienen für Deutschland*, Berlin 2016.

Marcel Bohnert, Björn Schreiber (Hrsg.), *Die unsichtbaren Veteranen. Kriegsheimkehrer in der deutschen Gesellschaft*, Berlin 2016.

Angelika Dörfler-Dierken (Hrsg.), *Hinschauen! Geschlecht, Rechtspopulismus, Rituale: Systemische Probleme oder individuelles Fehlverhalten?*, Berlin 2019.

Sicherheitspolitik

Wolf Graf v. Baudissin, *Grundwert: Frieden in Politik – Strategie – Führung von Streitkräften, herausgegeben von Claus von Rosen*, Berlin 2014.

Oliver Schmidt, *Deutsche Außenpolitik und die Zukunft der nuklearen Teilhabe in der NATO*, Berlin 2017.

Dirk Freudenberg, *Theorie des Irregulären – Erscheinungen und Abgrenzungen von Partisanen, Guerillas und Terroristen im Modernen Kleinkrieg sowie Entwicklungstendenzen der Reaktion, (3 Bände)*, Berlin 2017.

Markus Reisner, *Robotic Wars – Legitimatorische Grundlagen und Grenzen des Einsatzes von Military Unmanned Systems in modernen Konfliktszenarien*, Berlin 2018.

Helmut Fiedler, *Military Assistance – eine moderne Einsatzart zwischen Anspruch und Wirklichkeit*, Berlin 2019.

Pascal Riemer, *Von der russischen Kriegskunst. Eine Untersuchung der dialektischen Zusammenhänge von Staatsidee und Militärwesen am Beispiel der Sowjetunion und der Russischen Föderation,* Berlin 2021.

Georg Kunovjanek, *Cyber – Die Domäne der vernetzten Unsicherheit. Eine kritische interdisziplinäre Analyse des Krieges der Zukunft und seiner normativen Grundlagen,* Berlin 2021.

Joachim Weber (Hrsg.), *Konfliktraum Arktis. Die Großmächte und der Hohe Norden,* Berlin 2021.

Thomas Jäger, Ralph Thiele (Hrsg.), *Der Politische Islamismus als hybrider Akteur globaler Reichweite. Die liberale demokratische Ordnung muss ihre Resilienz stärken,* Berlin 2021.

Uwe Hartmann, *Die Nato. Mächte und Menschen in der transatlantischen Allianz,* Berlin 2021.

Dirk Freudenberg, *Wehrhaftigkeit der Medienordnung – Rechtliche und rechts-politische Probleme vor dem Hintergrund der Konzeption Zivile Verteidigung (KZV),* Berlin 2022.

Carsten Rechtien, *Trumps Amerika – Eine geopolitische Revolution? Tradition und Neuausrichtung der US-Außenpolitik in der beginnenden Ära Trump, Berlin 2022.*

Standpunkte und Orientierungen

Uwe Hartmann, *Hybrider Krieg als neue Bedrohung von Freiheit und Frieden. Zur Relevanz der Inneren Führung in Politik, Gesellschaft und Streitkräften,* Berlin 2015.

Martin Sebaldt, *Nicht abwehrbereit. Die Kardinalprobleme der deutschen Streitkräfte, der Offenbarungseid des Weißbuchs und die Wege aus der Gefahr,* Berlin 2017.

Christian J. Grothaus, *Der „hybride Krieg" vor dem Hintergrund der kollektiven Gedächtnisse Estlands, Lettlands und Litauens,* Berlin 2017.

Uwe Hartmann, *Der gute Soldat. Politische Kultur und soldatisches Selbstverständnis heute,* Berlin 2018.

Helmut Jermer, *Innere Führung kompakt. Eine Zusammenschau als Lehr- und Lernhilfe,* Berlin 2019.

Martin Sebaldt, *Das Elend der Strategen. Warum die deutsche Militärpolitik versagt,* Berlin 2020.

Hannes Wendroth, *Gute Führung – (k)ein Selbstgänger. Kleine Führungshilfe mit praktischen Hinweisen und persönlichen Anmerkungen,* Berlin 2022.

Militärgeschichte

Eberhard Kliem, Kathrin Orth, *"Wir wurden wie blödsinnig vom Feind beschossen". Menschen und Schiffe in der Skagerrakschlacht 1916,* Berlin 2016.

Ingo Pfeiffer, *Gegner wider Willen. Konfrontation von Volksmarine und Bundesmarine auf See,* Berlin 2012.

Georg Neuhaus, *Am Anfang war ein Speer. Eine Chronographie der Kriegs- und Militärtechnologien,* Berlin 2018.

Hans-Werner Ahrens, *Die Transportflieger der Luftwaffe 1956 bis 1971. Konzeption – Aufbau – Einsatz,* Berlin 2019.

Eberhard Frhr. v. Senden, Friedrich Frhr. v. Senden, *Der Erste Weltkrieg 1914–1918. Erlebnisse eines jungen Leutnants,* Berlin 2020.

Ingo Pfeiffer, *Do swidanija Germanija. Stationierung – Abzug – Hinterlassenschaften Westgruppe der Truppen,* Berlin 2021.

Harald Fritz Potempa, *Balkan 1914–1945. Raum und Kleiner Krieg als militärhistorische Kategorien in der Wahrnehmung deutscher Streitkräfte,* Berlin 2021.

Jörg Beining, *Streng geheim! – Elektronische Kampfführung im Kalten Krieg. Die EloKa der Bundeswehr und NATO aus östlicher Perspektive,* Berlin 2021.

Hans-Günter Behrendt, *Flugabwehr in Deutschland. Stationierungsorte und Systeme 1956–2012,* Berlin 2021.

Gerd Bolik, *NATO-Planungen für die Verteidigung der Bundesrepublik Deutschland im Kalten Krieg,* Berlin 2021.

Stephan Horn, *Französische und wallonische Freiwilligenverbände im Zweiten Weltkrieg. Politische Implikationen militärischer Kollaboration,* Berlin 2021.

Martin Kutz, *Die Schlacht als Männerballett oder Mythos und Militär,* Berlin 2022.

Olaf Rönnau, *Eine totale Institution als Zwischenspiel. Die Kadettenschule der NVA von ihrer Gründung 1956 bis zu ihrer Auflösung 1961,* Berlin 2022.

Schriften zur Tradition

Eberhard Birk, Winfried Heinemann, Sven Lange (Hrsg.), *Tradition für die Bundeswehr. Neue Aspekte einer alten Debatte,* Berlin 2012.

Donald Abenheim, Uwe Hartmann (Hrsg.), *Tradition in der Bundeswehr. Zum Erbe des deutschen Soldaten und zur Umsetzung des neuen Traditionserlasses,* Berlin 2018.

Joachim Welz, *Vom Kontingentsheer zum Reichsheer: Militärkonventionen als Motor der Wehrverfassung,* Berlin 2018.

Donald Abenheim, Uwe Hartmann, *Einführung in die Tradition der Bundeswehr. Das soldatische Erbe in dem besten Deutschland, das es je gab,* Berlin 2019.

Eberhard Birk, Heiner Möllers (Hrsg.), *Die Luftwaffe und ihre Traditionen (aus der Reihe Schriften zur Geschichte der Deutschen Luftwaffe, Band 10),* Berlin 2019.

Hans-Günter Behrendt (Hrsg.): *Erinnerungsorte der Bundeswehr – Personen, Ereignisse und Institutionen der soldatischen Traditionspflege,* Berlin 2020.

Dirk Drews, Stefan Gruhl (Hrsg.): *Oberst Reinhard Hauschild 1921–2005. Traditionsstifter für die Bundeswehr? Gedenkschrift zum 100. Geburtstag,* Berlin 2021.

Dieter Krüger, *Verständigung mit Frankreich. Das vergebliche Plädoyer des Oberst Dr. Hans Speidel. Paris 1940–1942,* Berlin 2021.

Martin Kutz, *Besuch im Soldatenhimmel. Ein wissenschaftlicher Reisebericht aus einer anderen Welt,* Berlin 2022.

Jahrbuch Innere Führung (seit 2009)

Uwe Hartmann, Claus von Rosen (Hrsg.), *Jahrbuch Innere Führung 2019. Bundeswehr im Aufbruch. Hindernisse von den verteidigungspolitischen Vorstellungen der AFD bis zu den sicherheitspolitischen Meinungen in der Zivilgesellschaft,* Berlin 2019.

Uwe Hartmann, Reinhold Janke, Claus von Rosen (Hrsg.), *Jahrbuch Innere Führung 2020. Zur Weiterentwicklung der Inneren Führung: Themen und Inhalte,* Berlin 2020.

Offiziersbibliothek

Uwe Hartmann, *Offiziersbibliothek I. Deutschland,* Berlin 2020.

Franz H.U. Borkenhagen, Uwe Hartmann, *Offiziersbibliothek II. Internationale Beziehungen und Sicherheitspolitik,* Berlin 2021.

Wiener Strategie-Konferenz

Wolfgang Peischel (Hrsg.), *Wiener Strategie-Konferenz 2016 – Strategie neu denken,* Berlin 2017.

Wolfgang Peischel (Hrsg.), *Wiener Strategie-Konferenz 2017 – Strategie neu denken,* Berlin 2018.

Wolfgang Peischel (Hrsg.), *Wiener Strategie-Konferenz 2018 – Strategie neu denken,* Berlin 2019.

Wolfgang Peischel (Hrsg.), *Wiener Strategie-Konferenz 2019 – Strategie neu denken,* Berlin 2021.